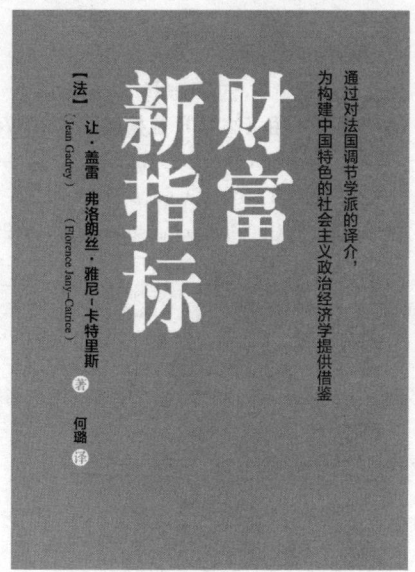

通过对法国调节学派的译介，为构建中国特色的社会主义政治经济学提供借鉴

财富新指标

［法］ 让·盖雷（Jean Gadrey）
弗洛朗丝·雅尼-卡特里斯（Florence Jany-Catrice）著

何璐 译

Les nouveaux
Indicateurs
de
Richesse

中国经济出版社
CHINA ECONOMIC PUBLISHING HOUSE

北 京

图书在版编目（CIP）数据

财富新指标/（法）弗洛朗丝·雅尼-卡特里斯著；郭国玺．何璐译．
—北京：中国经济出版社，2018.7
ISBN 978-7-5136-4792-2

Ⅰ.①财… Ⅱ.①弗… ②郭… ③何… Ⅲ.①经济学—研究 Ⅳ.①F0

中国版本图书馆 CIP 数据核字（2017）第 181461 号

Les nouveaux indicateurs de richesse by Jean Gadrey & Florence Jany-Catrice
© Editions La Découverte, Paris, 2005, 2007, 2012, 2016.
Simplified Chinese Translation edition© 2018 China Economy Publishing House Co., Ltd
All rights reserved.

责任编辑	郭国玺
责任印制	马小宾
封面设计	任燕飞工作室

出版发行	中国经济出版社
印 刷 者	北京富泰印刷有限责任公司
经 销 者	各地新华书店
开　　本	880mm×1230mm　1/32
印　　张	5.875
字　　数	100 千字
版　　次	2018 年 7 月第 1 版
印　　次	2018 年 7 月第 1 次
定　　价	39.80 元

广告经营许可证　京西工商广字第 8179 号

中国经济出版社 网址 www.economyph.com 社址 北京市西城区百万庄北街 3 号 邮编 100037
本版图书如存在印装质量问题，请与本社发行中心联系调换（联系电话：010-68330607）

版权所有　盗版必究（举报电话：010-68355416　010-68319282）
国家版权局反盗版举报中心（举报电话：12390）　服务热线：010-88386794

本书为

西北大学经济管理学院承担的国家外专局"教科文卫"外国高端专家项目"中国经济增长质量测度"成果和西北大学"双一流"建设项目成果中国西部经济发展研究中心、陕西省哲学社会科学重点研究基地——陕西省宏观经济与增长质量协同创新中心长江学者支持项目

"要了解更多有关 GDP 替代指标构建的知识,本书是最佳入门读物。"

目录

中文版序 / 1

引言 / 30

第一章 替代指标研究 / 38

指标、价值体系及评价形成 / 38

统计工作类型学以及综合指标中心的确定 / 40

综合指标互补性以及多维资产负债表 / 42

落后的法国正在追赶 / 43

21 世纪第一个十年末期及第二个十年：新活力 / 44

第二章 GDP 与经济增长问题 / 46

国民经济核算的产生 / 47

卫星账户 / 48

国民经济核算论据 / 49

国民生产总值、经济增长以及福利 / 50

第三章 人类发展指标 / 58

联合国开发计划署（PNUD）具有历史意义的四项指标 / 59

2010 年联合国开发计划署的革新 / 64

2010 年版人类发展指数 / 67

结论 / 74

第四章 社会性综合指标 / 76

社会健康指数 / 76

BIP 40——法国不平等和贫困程度的晴雨表 / 84

奥斯伯格和夏普经济福利指数 / 87

土地指标 / 92

结论 / 97

第五章 GDP 的初步延伸 / 98

关于 GDP 界限扩展的争论 / 99

可修改的公约：家务劳动 / 102

诺德豪斯和托宾的创始性工作 / 109

第六章 环境 GDP 和生态足迹 / 111

绿色 GDP 和可持续经济福利指数（IBED）/ 112

防御性支出 / 115

真实进步指标（IPV）/ 119

世界银行调整后的净储蓄 / 121

人类活动生态足迹 / 123

人类贫困指数 / 133

第七章 2007—2015 年：超越 GDP 的多种路径 / 135

欧洲委员会和经合组织的革新 / 135

斯蒂格利茨委员会（2008—2009）和 FAIR 组织 / 140

联合国的财富总体性指标（IWI）/ 143

法国：CESE、ARF……以及公民 / 145

第八章 评估指标 / 147

指标的（相对）技术层面 / 148

使用政治术语的指标评估 / 152

结论 人类可持续发展及 21 世纪的经济核算 / 157

国民经济核算史的两本著作：福尔盖（Fourquet）和瓦诺利（Vanoli）/ 157

前景 / 161

缩略词索引 / 166

参考文献 / 170

译者致谢 / 179

中文版序

以法国调节学派为借鉴发展中国特色社会主义政治经济学

任保平

法国调节学派是欧美马克思主义经济思想流派之一,是马克思主义经济学阶段理论发展的产物,其研究目的在于解释资本主义危机的根源和走出危机的原因。调节学派产生于20世纪70年代,20世纪90年代以来,调节学派的理论进一步发展,被广泛运用到对转型经济、发展中经济和经济全球化、亚洲金融危机及拉美经济危机、国际合作和区域经济一体化等新问题的研究之中。调节学派继承了马克思经济学的核心理论与范畴,同时,又从马克思理论中那些高度抽象的概念中分离出若干中间概念,用来解释经济主体的相互作用及其规律。因此，系统系梳理和评析法国调节学派的经济理论，研究马克思主义政治经济学创新发展的规律，对中国特色社会主义政治经济学的研究具有重要意义。

一、法国调节学派的方法论与核心概念

20世纪70年代中期以来，法国的一些经济学家通过对马克思、凯恩斯和卡尔多经济理论的独特结合，并从以布罗代尔为代表的法国年鉴学派和波拉尼、熊彼特的理论中汲取灵感，"发展了一种研究资本主义经济长期演化的独特方法"①，在制度与演化经济学的发展中，形成了法国的"调节"学派。"调节学派最突出的贡献就是运用调节方法的框架对第二次世界大战后美欧资本主义社会的主要发展形态——从福特主义向后福特主义的转变进行了的分析。"②调节学派自20世纪70年代在法国最早形成以来，引起了世界范围的广泛关注，并在理论和经验研究方面取得很大发展。20世纪80年代以来，法国调节学派的理论被运用到转

---

① 贾根良. 法国调节学派制度与演化经济学概述[J]. 经济学动态, 2013 (9).
② 胡海峰. 对法国调节学派及其理论的分析[J]. 教学与研究, 2005 (3).

型经济、发展中经济和经济全球化的研究之中,目前已成为一个具有国际影响的经济学流派。

1. 法国调节学派的方法论和理论结构。"法国调节学派也认为,批判实在论是自己与马克思经济学沟通的方法论桥梁。"① 法国调节学派的方法论特点是在对资本主义经济发展的研究中,运用历史的、理论的、比较的方法来探索积累体制和调节方式二者关系所表现出的规律性的东西。他们主张充分利用历史学、政治学、经济学、社会学和法学等各学科的研究成果,认为没有纯粹的经济现象,各种经济行为都是在密集的社会关系和政治规定的网络的框架中进行的。在对资本主义经济发展的研究中,他们运用历史的、理论的、比较的方法来探索积累体制和调节方式二者关系所表现出的规律性的东西。在理论结构方面,新古典经济学派的理论结构仅有微观和宏观两个层面,假设微观层面的经济主体是"理性的个人"。调节学派的理论结构有微观、中观和宏观三个层面②,假设微观层面的经济主体是"有限理性的个人",宏观层面是积累体制,中观层

---

① 杨虎涛. 马克思经济学对法国调节学派的影响 [J]. 马克思主义研究, 2009 (5).

② 吕守军. 国际马克思主义经济学调节学派最新发展述评 [J]. 毛泽东邓小平理论研究, 2015 (12).

面的"制度形式"调节着微观主体之间的对立和冲突,连接着微观和宏观,使微观行为符合宏观层面积累体制发展的需要。

2. 法国调节学派的核心概念。法国调节学派在继承马克思经济学核心概念、基本范畴和基本规律的基础上,发展出了一些新的概念来解释当代资本主义经济。这些核心概念有:①工业或科技生产范式。调节学派用这个概念来说明社会劳动分工的程度,其含义是指劳动过程中的技术和分工,这个概念主要用于进行微观层面的经济分析。②积累体制。调节学派认为一个稳定的积累体制需要外在于经济的政治社会机制来调节,需要一种调节模式。积累体制①的含义是指维持稳定经济生产与消费平衡类型的模式,这个概念主要用于宏观经济层次的分析,针对市场的稳定而建立,他们认为稳定的积累体制的形成机制是大规模生产需要大批量消费来配合。③调节模式。这个概念规范、制度、传统、组织形式、社会网络、行为类型等因素的复合体,其功能在于使得行为人遵守规则,形成体制再

---

① 所谓积累体制,是指资本主义现存的在生产、收入分配和需求之间的动态机制,是在两种结构性危机之间长期存在的正常的积累模式。——编者注

生产的模式，从而维持一个积累体制的稳定。这是一个介于微观和宏观中间的社会制度层次的概念。④发展模式。工业范式、积累体制和调节模式相互调整互补，能够维持一段相当长时期的资本主义稳定发展，这样的发展称之为发展模式。

3. 法国调节学派的理论框架式。在法国调节学派的分析框架中，积累体制、调节模式和发展模式构成了其理论的概念基础。调节学派认为，社会经济结构主要制度的组织一致性推动了持续的经济发展，而不匹配则会导致了不稳定性、危机和宏观经济的衰退。在法国调节学派的理论中，长期动态被看作是不连续的。当一种发展模式的潜力趋于耗尽时，从前各部分之间的连贯性消失了，直到新的连贯性出现之前，存在着不稳定和无序。在这种情况下，积累过程变得越来越与制度形式的稳定性不兼容，它无法完成在现有制度基础上的自我再生产，不平衡已达到这种情况：在给定的调节模式中，从前自我修正的机制变得无效了，发展模式陷于危机之中，从而产生了增长缓慢、停滞和不得不进行制度变革的压力。

4. 法国调节学派的积累体制与调节方式。调节理论学派认为资本主义具有不同的历史阶段，每一阶段有其特定的积累体制，而每一种积累体制又都具有特定的调节方式，这种调节方式支配着积累过程。积累体制可划分为外延型和内涵型积累体制，适应大规模消费的内涵型积累体制是在第二次世界大战后出现的。每种积累体制都在特定的调节方式的框架内运行，与之相应的调节方式分别为"旧调节""竞争性调节""垄断性调节"。20世纪70年代以后，当代资本主义积累体制进入到了金融资产积累体制阶段，这一积累体制是全球化、新技术革命，特别是信息革命的产物。新积累体制下的调节主要有两种：一是雇佣劳动制度的调节，主要解决的是劳动制度弹性与就业安全的矛盾问题。新的技术发展打破了旧有的就业模式，各种各样的就业形式随着弹性工作而发展，出现了就业形式的碎化、不稳定和工资的差异，经济上的不安全程度上升。在这种情况下，劳动法的地位上升，需要通过劳动法来调节这些新的雇佣关系。二是所有制关系的调节。金融资产积累体制下，日益增多的储蓄集体存放于公共基金、人寿保险公司和养老基金。这些金融机构投资者增加了它们的组合证券中的股份，因而间接增加了家庭金融财产中的股份。当代雇佣社会的金融体系就发生了变化，个人所有权将作为一种对社会债务的补偿的权利，个人委托机构进行投资的。受信息不对称的影响，这种委托投资关系中的个人储户利益会受到影响，为了保护个人利益，必须对所有制关系进行调节。

二、法国调节学派的理论渊源

（一）法国调节学派的理论与马克思主义政治经济学的关系

法国调节学派坚持了马克思历史唯物主义的观点并有所发展。坚持和继承马克思经济学，而不是马克思主义的政治经济学，也就是其学理基础是以《资本论》为基础的马克思经济学，而不是以《帝国主义论》为基础的马克思主义经济学。

1. 法国调节学派理论对马克思政治经济学核心概念和范畴的继承。法国调节学派旗帜鲜明地坚持马克思经济学，反对新古典经济学。但是他们认为马克思经济学过于宏大和抽象，在继承马克思经济学核心概念和范畴的基础上，发明了一系列的中间概念，对马克思经济学进行创新，如"发展模式""积累体制""调节""调节模式""制度诸形态"和"小危机""结构性危机""最后的危机"等。①继承了马克思关于生产力—生产关系以及社会再生产的论述。调节学派核心概念间相互作用的机理遵循了马克思关于生产力—生产关系以及社会再生产的论述。调节学派的工作始终围绕马克思的生产方式概念进行分析,他们认为每一个稳定的积累体系都一定需要生产力与生产关系之间保持系统稳定性。在研究社会再生产理论时,马克思将生产关系的再生产问题放在非常重要的地位上,认为生产关系的再生产是随着生产力的发展而不断完善的过程。在这一过程中,生产关系的再生产对生产关系中不适应生产力发展的某些方面和环节进行改革,从而以新的内容和形式来代替。这些思想认识在法国调节学派的理论中都得到了继承。②继承了马克思经济学中的核心理论与范畴。虽然他们创造了一些新概念和范畴,但是基本的概念和理论基础仍然是马克思的,如资本积累、利润率下降等。③坚持和继承了马克思的利润率下降趋势理论。他们认为马克思关于利润率下降趋势的规律是分析资本主义经济运行机制时最重要的理论工具,并在坚持这一理论的同时,结合资本主义发展的历史和现实,从各种制度结构及其功能入手就资本积累的过程、动力、障碍因素及绩效进行了分析。

2. 法国调节学派理论对马克思政治经济学的发展。法国调节学派认为马克思建立了一个研究资本主义运行规律的理论,但是马克思并没有着力研究这一规律在实现过程的偶然性问题。因此,调节学派在坚持马克思理论的同时,发展了马克思政治经济学,将马克思关于资本主义生产方式内在规律的分析拓展到现实世界之中,重点研究了资本主义积累过程中的偶然性问题。主要体现在:①法国调节学派认为,马克思理论中的一些概念高度抽象,应该从中分离出若干中间概念来解释经济主体的相互作用及其规律。在生产方式的概念基础上,法国调节学派提出了积累制度、调节模式、工资关系等概念。②对马克思再生产的概念进行了解构。在马克思那里,再生产一方面是物质资料再生产,另一方面也是生产关系再生产。法国调节学派则把不再强调这是同一过程的二重性,而是用"调节模式"和"积累体系"这两个单独的概念来解释。对于物质资料再生产的环节,调节学派以工业生产范式这一概念进行分析;而生产关系的再生产,则以制度形式为分析对象。③在马克思剩余价值理论基础上,法国调节学派提出了内涵型积累和外延型积累等概念。

(二) 法国调节学派的理论与新古典理论、凯恩斯理论的关系

1. 法国调节学派的理论与新古典理论的关系

法国调节学派的理论与新古典经济学理论是对立的,他们对新古典理论进行了多方面的批判。在方法论上,反对新古典经济学派静态的、均衡的、缺乏历史意识的分析

方法。调节学派认为新古典经济学以经济行为的不变性为前提,不考虑任何时间和地点,提供的是一种非历史的经济规律,因而它不能解释资本主义经济的历史演变过程。在经济危机理论上,法国调节学派反对新古典经济学派关于"经济危机是例外事件,产生的原因无非是市场的外部力量搅乱了市场均衡"的认识。新古典经济学缺乏历史意识分析,忽视了劳动力、货币和一般商品相比的不同属性和特征。在市场理论上,新古典经济理论认为经济领域是关于财富如何积累的领域,而政治领域是关于权力如何积累的领域,反对国家干预经济;调节学派认为新古典经济学派关于政府和市场关系的思想具有极大的欺骗性。

2. 法国调节学派的理论与凯恩斯主义经济学的关系。法国调节学派深受凯恩斯主义的启发,同时试图超越凯恩斯主义。他们认为凯恩斯主义经济理论研究的是开放程度较低的经济,而我们现在面临的却是全球化经济。调节学派认为凯恩斯主义经济理论偏重技术经济学,没有充分研究经济增长所带来的各种矛盾,特别是社会矛盾,着重研究短期的经济政策和管理,而忽视它所要说明的现象的规律性依据。调节学派认为,为了发展一种对资本主义多样化经济形态的演变进行解释的理论框架,应该从高度抽象的概念(如生产方式等)中分离出若干中介概念(如积累体制和制度形式等），用来解释经济行为体在相互作用时表现出来的规则性，然后再与观察到的经济现象进行比较。调节学派试图发展马克思的制度理论，与凯恩斯的宏观经济理论结合起来，开创一种不同于以前的历史的和制度的经济理论。调节理论以现实前提为基础，认为适用于任何时间和任何地点的理论是不存在的，相反，必须把概念工具和现实条件结合起来，不断创立新的调节方式和经济制度。

三、法国调节学派的其他经济理论

除上述经济理论之外，法国调节学派在制度经济学、经济危机理论、比较资本主义、经济增长理论等方面也进行了相应的研究。

1. 法国调节学派的制度经济学理论。他们认为"各个社会主体都有各自的利益，他们在追求自己利益的过程中会产生社会冲突，而制度就是为了调节社会冲突而产生的，是社会主体在社会冲突中相互妥协的产物，其中，制度形成时的历史条件和政治交换对于形成什么样的制度起着关键性的作用。同时，制度、意识形态和政治媒介的相互作用形成了社会冲突调节的一般机制。"① 21世纪初，法国调节学派完成了第一代和第二代的新老交替。第二代学者继承了调节学派初建时期的方法论，继续强调了调节理论的独特性，并在制度理论重建方面做出了巨大贡献。自19世纪以来，如何把经济的历史特点和经济理论结合起来是持久争论的主题。调节学派认为，新古典经济学不考虑任何时间和地点，提供的是一种非历史的经济规律，因而它不能解释资本主义经济的历史性演化过程；而马克思有关资本主义发展的长期动力学虽然强调了社会关系和积累过程的历史特定性，但他使用的概念过于抽象。因此，阿加利塔和博耶这些调节学派的先驱者们认为，为了发展一种对资本主义多样化经济形态的演化进行解释的理论框架，"调节"方法应该从更抽象的概念（如生产方式）中找出中间概念和模式，如积累体系和制度形式等，用来解释经济行为者在相互作用时表现出来的规则性，最后再与观察到的事实进行相当细致的比较。调节学派试图通过在调节学派制度经济理论的分析框架中，积累体系、调节模式和制度形式构成了调节理论的概念基础，当积累体系、调节模式

---

① 吕守军. 法国调节学派的制度理论 [J]. 上海交通大学学报（哲学社会科学版），2009（12）.

和制度形式相互补充，一度足以确保资本主义扩张的长波所需的条件时，由此所产生的复杂体常常被综合性地称为发展模式，调节学派运用上述框架对美欧资本主义从福特制向后福特制的转变进行了分析。

2. 法国调节学派的经济危机理论。调节学派不认同新古典经济学外来冲击造成危机的观点，认为经济危机可以从不同层次来解释，他们从对资本主义特定历史条件下资本积累过程与经济发展过程的统一上把经济危机划分为五类①，然后进行解释：第一类是外部扰动造成的危机。这类危机是因为某一既定实体的持续经济再生产受到阻碍，或者是与自然或天气灾害相关的短缺造成的，或者是由源于外部事件或战争而导致的经济崩溃而造成的。这种危机既不是因为调节模式的正常运行出问题，也不是因为积累体制的衰竭而造成的。第二类是周期性危机，这种危机是在一个既定国家某个时期的主导调节模式内发生的，它只能部分且缓慢地影响主导制度形式，而且它是一个稳定发展模式中调节模式的必要组成部分。第三类是调解模式的危机。与主导调节模式相联系的机制被最终证明不能克服不

---

① 陈叶盛，胡若南. 法国调节学派的危机理论 [J]. 经济经纬, 2008 (2).

利的短期趋势，那么这样的时期就被定义为调节模式的危机。当局部不均衡逐渐聚集并不再能被现行社会经济程序处理的时候，调节模式的危机便出现了。第四类是发展模式的危机。这类危机是由达到最本质制度形式的极限以及这些制度形式之间矛盾的产生来定义的。这类危机是由于最本质的经济模式出了问题而导致的，比如生产组织、资本增值过程、价值分配以及社会需求的组成都或多或少存在着问题，从而导致了危机。这类危机是由于经济再生产动态过程受阻的问题而形成的，因而是比较严重的危机。第五类是主导生产模式的终极危机。当一种经济结构达到其制度形式安排的极限，对现行社会关系集合的最基本层面提出挑战时，这类危机便发生了。这类危机与马克思主义理论中的危机相似。

3. 法国调节学派的比较资本主义研究。调节学派作为比较资本主义研究中一个重要的理论派别，把分析重点从对资本主义发展阶段转换的研究，转向对资本主义多样性的研究，并运用制度层级、制度互补、协调机制等概念，对不同国家资本主义的制度结构和发展模式进行了比较分析。"从马克思主义理论那里，调节理论保留了对资本主义长期演化的兴趣，但是调节理论不接受马克思的继承者们坚持的宏大的资本主义理论。"① 他们把资本主义特定发展阶段的稳定存在条件及其发展阶段的转变作为要研究的核心问题,把资本主义的历史视为连续的阶段,为了对资本主义的结构形式和发展阶段进行理论上的深入分析,调节理论通过一系列中等层次的模型来建立理论和历史之间的联系。他们提出了一系列能够把马克思主义政治经济学应用于实际历史中的中间概念,用于研究资本主义的制度和实践。调节学派的资本主义多样性研究,是在批判已有的资本主义多样性理论,把资本主义多样性分析纳入调节学派的概念工具和理论框架中向前推进的。

4. 法国调节学派的经济增长理论。调节学派在技术转变与资本积累体制关系研究中形成了其经济增长理论。在经济增长理论方面,他们"反对交换关系完全受基于个人理性的最优经济行为的驱动以及一般均衡的基本假定,认为应根据社会关系来分析经济关系,强调时间因素和经济过程的不可逆性以及历史的路径依赖"②。他们反对技术决定论对技术推动经济发展的线性表述,而强调经济对技术

---

① 张旭. 调节学派的比较资本主义研究及其启示 [J]. 山东社会科学,2016 (2).

② 夏明. 技术转变与资本积累体制——法国调节学派的经济增长理论述评 [J]. 国外社会科学,2006 (4).

的反馈，主要研究一种特定的技术体系如何与资本积累体制相互融合；把技术进步归因于创新、资本密度以及规模报酬，认为创新受到创新体系的影响。在新古典增长模型中，住户的储蓄倾向独立于收入来源，将收入分配和积累的作用排除出去，而收入分配在调节理论的增长模型中却成为研究的重点。同时他们还建立了积累体制下技术转变促进经济增长的模型，调节理论内生技术转变的宏观经济模型最完整的表述是博耶在《技术进步与经济理论》中提出的，这一模型强调了调节理论中需求对生产的作用，并使这一内生技术转变为增长体制的关键。基本模型主要由生产率方程、投资方程、消费方程、实际工资形成方程以及两个核算恒等式构成。关于生产率变动，调节理论综合了熊彼特的创新对生产率的贡献、资本密度的增加、动态递增的规模收益对生产率增长的效应三个方面的因素。调节学派增长模型的特点在于：强调技术转变同时受资本密度和递增规模报酬的影响；投资的确定同时由凯恩斯意义上的需求和古典马克思意义上的利润率所决定；工资形成则考虑到市场机制的竞争决定，以及考虑到对生产率变动指数化的劳资协调。总体来看，调节理论的增长模型强调需求和收入分配对技术转变的影响。

四、法国调节学派的政策主张

法国调节学派从其基本理论出发,主张对资本主义的"国家与市场的关系、政府和企业的关系、雇主与雇员关系、国际经济关系"① 四大经济关系进行调节。

1. 国家与市场的关系

虽然"调节学派在国家与市场关系问题上持后凯恩斯主义观点",但是他们强调了国家在积累体制中代表社会集体价值并对个人的意志和利益进行调节的观点,认为现代社会的复杂性、社会和技术发展范式的内在要求以及各国经济发展依赖性的加强更加突出了国家干预的作用。他们主张在加强国家干预的同时,通过制度建设规范政府行为,最大限度减少寻租活动,充分发挥中介组织和机构的作用,使国家与市场相得益彰。

2. 政府和企业的关系

调节学派认为,当代资本主义国家调节方式的转变始20世纪80年代,其背景是主要发达国家经济进入"滞胀时期、凯恩斯主义破产、国家垄断资本主义陷入危机。"国家调节方式转变的目标和任务是改变战后经济增长方式,使

---

① 李其庆. 法国调节学派评析 [J]. 经济社会体制比较, 2004 (2).

之适应新技术发展和国际竞争日益加剧的需要。其特点是，在生产和技术方面，强调对资本的集约投资，重视劳动生产率的提高；在企业治理方面强调内部监督机制；在企业效益评估标准方面注重企业规模的扩大；在劳资关系方面采用集体谈判方式决定国民工资标准；在市场竞争方面，强调产品价格由生产成本加边际成本来决定。

3. 雇主和雇员的关系

调节学派认为，雇主与雇员关系的调节对积累体制的稳定具有关键性作用。雇主与雇员关系的调节包括雇佣关系的调节，劳动力使用和管理的调节，工资的调节，国民收入再分配的调节，就业培训、再就业培训、终身教育、分担失业的调节。他们认为为了确保由利润转化而来的投资增长与工人购买力增长相配合，需要实施凯恩斯主义国家干预政策，保证资本主义企业的雇主与雇员之间要建立起较长时期和稳定的合约关系。

4. 国际经济关系

法国调节学派认为，国际经济关系的调节包括三个层次：第一层次是市场调节，保护正常情况下市场资金的流动，保护消费者；第二层次是支付能力调节，确保银行支付能力，监督支付能力比率和内部控制。第三层次是金融危机调解，处理金融危机，解决银行破产问题，抑制系统传染。

五、法国调节学派理论对中国特色社会主义政治经济学研究的经验借鉴

法国调节学派理论被引入我国后，受到了马克思主义经济学研究领域学者的关注。贾根良对学派的起源、研究纲领的形成、分析框架等进行了早期介绍。李其庆对调节学派的基本理论观点和政策主张进行了全面的梳理和评析。吕守军发表了一系列文章，对法国调节学派的理论体系、危机理论、制度理论、最新进展进行了研究，杨虎涛对马克思经济学对法国调节学派的影响进行了研究，唐正东对调节学派的方法论、货币哲学进行了研究，夏明对调节学派的经济增长理论进行了研究。张旭对调节学派的比较资本主义理论进行了研究。中国人民大学吴易风教授在《当代西方经济学流派与思潮》第9章中全面介绍了调节学派。北京工商大学陈叶盛的著作《调节学派理论研究》（中国人民大学出版社，2012年版），归纳了从20世纪70年代调节理论诞生至今调节理论的发展历程，并对其主要分析框架进行了概括，形成了完整的调节经济思想史概述。吕守军的《法国调节学派理论与马克思主义经济学创新》（上海人民出版社，2015年版）从经济思想史的视角出发,在参考法语、英语和日语相关文献的基础上,对法国调节学派第一代、第二代学者的理论进行综合考察,分析了调节学派理论对马克思政治经济学创新的启示。总体来看,近年来法国调节学派的理论日益受到国内经济学界的重视。

"法国调节学派理论认为马克思主义经济学不应该是一个业已完成的、封闭的理论体系,而应该是一个随着社会发展而不断完善、持续创新、开放的理论体系,为此必须对马克思主义经济学进行创新。"① 这一点和我们正在进行的中国特色社会主义政治经济学理论创新具有一致性。我国经济发展进入新常态,习近平同志强调,要立足我国国情和我国发展实践,揭示新特点新规律,提炼和总结我国经济发展实践的规律性成果,把实践经验上升为系统化的经济学说,不断开拓当代中国马克思主义政治经济学新境界。在目前研究中国特色社会主义政治经济学、开拓马克思主义政治经济学新境界的过程中,我们可以借鉴法国调节学派思想。

---

① 吕守军,严成男. 法国调节学派的学派定位及其理论创新研究[J]. 上海交通大学学报(哲学社会科学版),2013(3).

1. 借鉴法国调节学派的基本理论，研究中国经济发展的新问题。

法国调节学派是在马克思主义政治经济学的框架内发展而来的，他们依据资本主义的新变化，研究了资本主义经济发展的新问题，建立了调节学派的基本理论。19世纪中叶，马克思和恩格斯以机器大工业时期的欧洲为蓝本，以资本主义生产方式为研究对象，创立了马克思主义政治经济学。此后，列宁也以资本主义生产方式为研究对象，分析了当时帝国主义阶段的经济特征。马克思、恩格斯和列宁时期的经典马克思主义政治经济学的研究对象是资本主义生产方式，研究任务是揭示资本主义社会的基本矛盾，研究社会主义如何代替资本主义。伴随新中国经济建设和改革开放实践，我国社会主义生产方式不断发展完善。与经典政治经济学时期相比，我国经济发展进入了新阶段，也出现了许多新问题、新情况和新矛盾。借鉴调节学派的理论，开拓当代中国马克思主义政治经济学新境界，需要立足中国国情和经济发展实践，拓展政治经济学的研究对象和研究任务，在研究社会主义初级阶段生产方式的基础上，重点研究社会主义经济发展和经济运行，揭示中国特色社会主义经济发展和运行规律。对于中国特色社会主义政治经济学研究来说，非常重要的就是对我国经济结构转

变的理解,必须在分清经济结构转变过程中出现问题的不同层次和不同性质的基础上,提出相应的对策。

2. 借鉴法国调节学派的基本理论,概括总结新材料新事实

借鉴法国调节学派的理论,开拓马克思主义政治经济学新境界,要重视对新中国经济建设特别是改革开放以来新材料、新事实的研究,进而概括总结为系统化的经济学说。习近平同志强调:"在对历史的深入思考中做好现实工作、更好走向未来,不断交出坚持和发展中国特色社会主义的合格答卷。"政治经济学是人们在占有充分的历史和现实材料基础上,运用科学的抽象方法,透过经济现象而探讨其内在联系的科学。它以一定社会生产方式作为自己的研究对象,研究其发生和发展变化的客观规律。改革开放以来,我国经济发展取得举世瞩目的成就,在理论探索上取得重大成果,形成了许多新材料。例如,在社会主义市场经济发展、初级阶段基本经济制度完善、国有企业改革、对外开放、农村经济改革发展等方面都形成了许多新材料,需要运用马克思主义政治经济学的科学方法,概括和总结其中的规律性,进而上升为中国特色社会主义经济理论。我国经济发展进入新常态,出现了许多新的事实材料,如经济发展从高速向中高速的转换、"四个全面"战略布局的

展开、新发展理念的提出、"五化"同步协调发展、政府与市场关系的处理、跨越"中等收入陷阱"的实践等。中国政治经济学的创新发展需要系统概括总结这些新的事实材料,探索新常态经济发展和经济运行的新规律,并把它们上升为当代中国马克思主义政治经济学理论。

3. 借鉴法国调节学派的理论,提炼升华新理论新话语

理论是对现实生活的反映、对实践经验的升华,理论必然要随着实践发展而发展。从来就不存在可以脱离特定历史背景和现实生活的普适的经济学。借鉴调节学派的理论,开拓马克思主义政治经济学新境界,要在坚持马克思主义政治经济学基本原理的基础上,依据马克思主义政治经济学与时俱进的特征,依据不断发展变化的经济实践,推动当代中国马克思主义政治经济学创新发展。在广泛学习借鉴的基础上,要依据新问题、新情况、新矛盾和新事实,不断提炼形成新的当代中国马克思主义政治经济学理论,包括经济发展新常态的理论,新发展理念的理论,使市场在资源配置中起决定性作用和更好发挥政府作用的理论,推动新型工业化、信息化、城镇化、农业现代化、绿色化协调发展的理论,发展更高层次开放型经济的理论,实现全体人民共同富裕的理论等。当前,适应和引领经济发展新常态,尤须坚持以中国问题为导向,构建中国版的

马克思主义政治经济学理论体系和话语体系。马克思主义政治经济学的科学性集中体现在其立场、方法论和世界观上，而不是一些具体论断上。借鉴调节学派的理论，开拓马克思主义政治经济学新境界，必须克服教条主义，适应时代变化，关注当代中国重大理论和现实问题，加强对中国模式和中国经验的研究，从中国经济改革、发展和运行的事实中概括出具有普遍意义的规律和论断；概括提炼与中国历史、文化、传统、制度和实践相适应，具有中国特色、体现时代特点和世界发展趋势的马克思主义政治经济学概念、范畴、论断和基本规律，形成既体现马克思主义政治经济学立场、观点、方法，又不同于西方经济学，并能同世界对话的政治经济学理论体系和话语体系。

六、《财富新指标》译介

2013年，法国调节学派的创始人之一罗伯特·博耶（Robert Boyer）来西北大学经济管理学院讲学，作了三场报告，我们发现了法国调节学派的理论价值，第二年法国调节学派的会议在巴黎召开，国内许多政治经济学研究者和马克思主义研究者参加了大会，我和康蓉老师也投了稿，文章入选了大会，但是由于其他事务的耽误未能成行，康蓉老师代替我参加了会议，并做了大会发言。从此，我们就和法国调节学派建立了联系。罗伯特·博耶退休以后,介绍法国里尔一大的弗洛朗丝·雅尼－卡特里斯教授和我们联系。

弗洛朗丝·雅尼－卡特里斯教授是新一代法国调节学派的代表人物,是法国国家经济学大学委员会委员(CNU05)、法国里尔一大经济管理学院委员会选举委员、法国里尔一大经济与社会科学学院理事会选举委员、法国社会经济学学会（ChairESS）的合作创始人及会员、法国政治经济学学会（AFEP）会长，联合国教科文组织国际经济社会学研究委员会成员，法国国家科研署（ANR）专家委员会成员，人文社会科学研究所（INSHS）成员。她所代表的法国调节学派的政治经济学拥有三个分支，但都采用历史的分析方法，共同目的是系统性理解资本主义的动态发展；聚焦于资本主义的转型。她在金融制度、竞争形式、工资制度、国家与经济的关系，以及国际经济关系等调节学派的核心概念上均有建树。

她近年来有大量研究成果聚焦在统计政策与量化社会科学、从大数政治学到目标驱动的政治学和经济业绩评估与测度上。她根据法国的实际，对比分析了法国区域性福利测度指标的若干体系，研究测算和使用价格指数的矛盾，评价公共政策或测度公共服务的绩效、研究国家的财富及福利水平测度、新的财富指标的关键创建与评价方法、建立社会可持续发现的新指标体系，包括联合国发展署的 HDI、HPI 指数、ISH 指标、"生态足迹"指数及法国的"BIP40"指数，重点包括这些指标体系的产生背景、采用的主要测度要素，发布过程中出现的新问题及研究人员做出的相应调整。她还是法国研究发布的"BIP40"指数的负责专家。

同时，她的研究聚焦于服务经济学，研究了在法国创建"个人服务"行业的可能性、服务业体系与就业体系的国际比较、技能低下的劳动力及性别问题研究。她了主要发达经济体二战后经历的从制造业向服务业的结构转变模式，不仅分析了服务业驱动增长的理论，而且梳理了各种模式对应的制度和文化框架。

2016 年，我们通过国家外专局聘任弗洛朗丝·雅尼－卡特里斯为我院的专家。作为国家外专局正式批复的"教科文卫"类高端外专，她 2016 年至今来访我校 3 次，开办讲座，指导研究生和青年教师开展科研工作。在讲座期间受聘为我们的兼职教授，我和她就调节学派和中国特色社会主义政治经济学进行了对话，期间她送给了我她的三本著作，我看了以后，深受启发，于是萌生了翻译的想法，于是委托康蓉老师联系翻译事宜，经过紧张的努力，《财富新指标》一书的翻译工作完成了。

《财富新指标》是弗洛朗丝·雅尼-卡特里斯教授的著作之一，主要研究衡量经济增长的指标进行研究的。在经济学研究以及在经济实践中，人们衡量经济增长的主要指标是GDP，但是20世纪70年代以来这一指标受到了经济学家和实际经济工作者越来越多的批评，人们认为这一指标的缺陷主要表现在：①GDP不能完全反映一个国家的经济增长水平。有一些不通过市场却能对人们生活产生重大影响的经济活动就不能通过GDP来反映。②GDP不能反映一个国家的产品和服务结构。如一国重视武器的研发，一国用于基础设施的建设，对于人们生活水平的影响差别就很大了。③GDP不能反映产品和服务的进步。如因技术的进步而降低的产品和服务市场价值，GDP反映不出来。④GDP统计有一定的误差，而且没有考虑给环境带来的污染和资源的消耗。尽管这一指标受到了人们的批评，有没有一个新的替代指标来。然而寻求新指标的工作一直没有停止过，《财富新指标》主要是20世纪90年代经济学家、统计学家和会计在对评价财富新指标上的工作所做的研究。

全书共分为八章，第一章"替代指标研究"主要研究指标、价值体系及评价形成，统计工作类型学以及确定综

合指标的中心。第二章"GDP及相关经济增长"主要研究国民经济核算的产生、卫星账户、国民生产总值、经济增长以及福利。第三章"人类发展指标"主要研究了联合国开发计划署具有历史意义的四项指标,包括人类发展指数、经过不平等调整后的人类发展指数、性别不平等指数、多维贫困指数。第四章"社会性综合指标"主要研究社会健康指数、奥斯伯格和夏普经济福利指数、可持续福利的表现和相关方法、地区社会健康指数。第五章"GDP的初步延伸"主要研究关于GDP界限扩展的争论,在GDP的初步延伸中诺德豪斯和托宾的先驱工作。第六章"环境GDP和生态足迹"主要研究绿色GDP和可持续经济福利指数的计算、真实进步指标、真实进步指标、幸福星球指数等。第七章"2007—2015年:超越GDP的多条道路"主要研究了欧委会和经合组织进行革新、"美好生活"指数、斯蒂格利茨委员会(2008—2009)和FAIR组织、联合国的财富总体性指标。第八章"评估指标"主要研究指标构建方式、维度和变量的选择、替代性指标的潜力、使用政治术语的指标评估。

感谢弗洛朗丝·雅尼-卡特里斯教授版权授权方面积极的努力。感谢西北大学经济管理学院的康蓉副教授,在我们与调节学派专家特别是弗洛朗丝·雅尼-卡特里斯的联系、国家外专局项目的申报，弗洛朗丝·雅尼-卡特里斯教授的几次来访她都做出了许多辛勤的工作。

同时，感谢西北大学学科办、国际交流与合作处对此项工作的支持。

引言

发达国家在对一国的发展程度进行总体评价或表达对未来的担忧时,经济增长指标总是不可或缺的核心指标,也就是说,衡量 GDP(PIB①)变化或这一概念变体的指标,是国民经济核算的核心。当然,在舆论以及媒体报道中,我们可以找到其他引人注目的重要指标,尤其是失业率、通货膨胀率以及主要的交易所指数。但是,GDP 水平和经济增长仍是反映一国经济状况的主要指标。自 1970 年以来,这些指标的统治地位遭到了经济学家及"持不同政见者"的批判,这一争议或凸显社会问题(经济增长不一定会促进社会进步),或凸显环境问题(经济增长可能破坏或耗尽可再生或不可再生自然资源)。但是到目前为止,这些批判对替代指标制度化的影响是微乎其微的。

---

① 法语中"国内生产总值"的缩写为"PIB"。——译者注

尽管斯蒂格利茨委员会（Commission Stiglitz-Sen，2008—2009）等推行的各种创举带来了一些积极变化（参见第七章），但是批判仍旧缺乏成效，这其实是由多种原因造成的。最主要的原因是，即便经济增长不能解决一切问题，但它仍有给予企业活动周转的余地、改善人们日常生活和提供工作机会等优势。从中短期来看，如果避开定性内容（什么得到了改善）或者分配问题（增值分配），仅公布经济增长的最终数字（已实现或预期的增长率），而不提及可能会弱化对增长率"过度信仰"的某些严重的衡量问题，经济增长仍然会得到大部分人的喜爱（Gadrey，2002）。

但是，还有其他原因可以解释对 GDP 批判相对缺乏说服力。其中一个原因就是缺乏替代性评价，这一概念是近几年才提出来的，还缺乏科研和方法论的支撑，也就很难有说服力。既在科研上"站得住脚"又能反映财富观点的指标研究，直到近几年才有了实质性进展。除了分析 GDP 的局限性以外，本书将致力于总结国际范围内这方面的新进展。

为什么为了描述这些替代指标，就要保留"财富"这个与经济学相关的术语？为什么不像持另一种观念的人那样，只用它来指代"经济财富"，然后再发明其他术语，如"发展、生活质量、社会健康、福利或者美好生活"，甚至

 财富新指标

"繁荣"(Jackson,2010)呢?说实话,这个问题我们不能断然做出回答。这是由这些概念的历史所决定的。但是我们没有理由让经济学思想过度使用这个含义丰富的术语。"丰富的语言、多样的可能性、的主意、极好矛盾重重的见解、富有教育意义的一本书、色彩丰富的一幅画":"richesse"一词的含义在这些短语中含义各不相同。所以,我们可以将这一术语与更加有效的"人类可持续发展核算"计划结合起来,尽量保持它的本意,使它得以广泛采用。

本书旨在对那些将制定新的综合指标或将综合指标作为核心目标的科研及统计活动进行研究,以便在全球范围内进行比较,对不同时期的变量进行衡量。它们的共同点在于设计者和推广者明确地想要抵消纯粹的经济发展观点和影响。因此几乎方方面面都会涉及"社会经济和生态"指标,也就是既考虑经济标准,也考虑人文标准和社会标准,其中许多还涉及环境标准。我们可以把它们定性为"替代性的",因为这些标准旨在提供一种新的选择,同时,也是对占主导地位的经济增长或消费的传统指标的补充,很多情况下,这些传统指标仍然可用作衡量指标的组成部分。因此,在本书中,这一略带限制性的指导方针不仅允许将三个方面的工作概括为同一个指标的不同方面。

本书主要涉及20世纪90年代至今的重要著作。当我们

采用最近25年以来才建立并且传开的评价标准,与20世纪80年代空窗期进行比较时,这一选择就很容易解释了。事实上,令人印象深刻的是,那些在国内外以各种形式出现、有足够知名度、足以融入公共舆论的社会经济和生态指标"遗产"正在快速发展着,即使对公共政策和法规进行转变之后再对其加以评价,它们也只会受到微弱的政治影响。学术界和传媒眼中的国际知名度可以作为我们辨别"重大"研究的标准。此外,经合组织(OCDE)、世界银行和联合国等大型国际机构的刊物多次重复和评论了好几项研究。几乎所有的相关研究都出现在著名的学术刊物上。因此,我们从中选出那些如今在国际上和法国"最重要"的指标,其中不包括儿童统计指数(Kids Count Index)、生活质量综合指数、理查德·J. 埃斯蒂斯(Richard Estes)的社会进步指数,以及其他由于没能更新而未收录进本书最新版本的指标(如人身安全指数)(Gadrey & Jany-Catrice, 2003)。在此,我们没有介绍社会资本指标,如普特南(Putnam, 1995;2000)推广、经合组织重新采纳的指标(2001)。这些指标受到了强烈的批判(Ponthieux, 2003),即使一些作者能够从中汲取灵感,模仿盖尔·格劳德(Gael Giraud)和赛西拉·伦瓦尔(Cécile Renouard)推广的人际关系能力

指数，① 制定一些综合指标，他们似乎也无法提供国际比较的坚实基础。

有些工作旨在提供资产负债表或国家仪表盘②，而没有制定综合指标的目标，本书不考虑这类工作。本书涵盖了夏普（Sharpe，2003）在加拿大所做的汇总报告以及《替代性经济》期刊的增刊《双倍的财富》（FAIR，2011）等开创性举措，这样的开创性也出现在本文的报告（Gadrey & Jany-Catrice，2003）中。我们认为，要让公众了解替代指标对财富的潜在贡献，最好的方法是提供一些实例，这些指标是GDP和经济增长的补充或者可靠的替代者。由于综合指标可以产生强有力的象征性影响，因此，在评价财富时，它们是GDP最有力的竞争对手。

当然，构建综合指标之前必须先进行汇总（接着，我们继续进行后面的"综合"），否则，综合指标的构建总会推迟数据汇总的拟定。但是，这两种方式在研究者的意愿和政治及媒体中的运用却是截然不同的。我们认为，它们是互补的。

近些年，人们越来越关注综合指标，以至于最初很少

---

① www.ferdi.fr/indicator/new-relational-capability-index
② 从第93页移至此处。

关注这些指标的经合组织在 2002 年 4 月公布了一份报告，其中包括"绿色"国际综合指标综述，自此以后，创新频繁出现，我们将在第七章进行介绍。

我们的第一个假设是：根据新统计工具的标准，在某些方面，如今的政治形势和社会思想动态可以让我们联想到 20 世纪 30 年代金融危机和第二次世界大战后法国以及其他发达国家的处境。当然，目前全球的社会危机、财政危机以及环境危机和第二次世界大战后形势的性质并不相同，当前的重大问题无法在全国大多数地区得到承认（即"重建"问题）：很大程度上，它们是全球性重大问题。但是，南半球各个国家的处境、北半球众多国家的不平等和排外主义，以及全球自然环境恶化十分严重。从西雅图到阿雷格里港、约翰内斯堡和里约热内卢，全球范围内质疑声迭起，并且范围很可能仍将扩大。但是，新的价值体系和"有决定权的"社会力量所主导的新型权力体系将占据一席之地，并赋予该群体以话语权和政治决策权。

然而，我们还有第二个假设，也就是那些传播最广、大众传媒宣传最多、最具影响力的国内国际重要统计指标都是依附于政治公约和价值体系的知识形态。当然，这些是个体部分的形态，因为有关这些指标的诞生以及传播的标志而产生的争论也有复杂的科学因素和技术因素，其中某些因素与社会进步的总体特征毫不相干。但是，占首要地位的社会指标之所以具有绝对优势，要归功于经济学家、统计学家和会计师，他们依照具体模式参与政治辩论的某个方面，通过国内外冲突或力量对比，挑选出了这些指标。

尽管我们有所保留，但是第二个假设主要归功于弗朗索瓦·福尔盖（Fransois Fourquet）在《国家核算》（comptes de la puissance, 1980）中所做的工作，也受益于法国"约定学派"和"调节学派"经济学家的想法，以及由阿兰·德波热艾尔（Alain Desrosières, 1993）在法国提出且同属约定学派①（Conventionnistes）的统计社会学。事实上，我们谈论的指标既是公约（认知和伦理范围），同时也是调节工具（行政和私营部门行为的制度化范围）。

如果两种推测被证明是正确的，我们就应该在未来几十年中（长达二十年激烈的辩论才奠定了目前国民经济核算的基础）参与各种活动，这些活动要求21世纪的国内结算和国际结算既是延长目前国民经济核算的经济会计，又

---

① 约定学派（l'école de conventions），起源于马克思主义，继承了马克思主义经济关系关于的不公正的基本观点，但又提出了不同于马克思主义概念，如：的协调的规则，以及行动者之间模拟的冲突、集体见习、效率和公平。——马克思主义在法国—托尼·昂德莱尼教授在中心大学的报告

是"人类可持续发展"核算。从科学、制度、政治以及传媒角度来看,这两种经济核算是等量齐观的。依据之前的政治轨迹,这些词汇多少都具有建立联盟的强大能力。如今,人类发展(从广义上说,就是联合国开发计划署)和可持续发展的结合很可能最能让人联想到未来会计的政治目标。正是这些词语把南半球国家的迫切需求、环保主义者的期望以及南北半球重新出现的"社会问题"(贫穷、不平等、暴力)有力地联系起来。

> 本为得到了堤耶利·黎波(Thierry Ribault)和布鲁诺·博瓦丹(Bruno Boidin)等人的协助以及多米尼克·梅达的支持,其中,《财富是什么》(Qu'est-ce que la richesse?)(1999)这本书在法国重新掀起了一场已经沉寂二十多年的辩论。本书的最新版本也是各种正式或非正式交流的成果,特别汲取了其他财富指标论坛①的成果。2008年初,在斯蒂格利茨委员会成立的同时,该论坛得以创办,旨在成为该委员会的推动力、促进更加现代、更加普遍的统计机构在重大问题上向其他研究员、非经济学学科以及公民社会敞开大门。

---

① FAIR,参见 www.idies/org/index.php? category/FAIR

第一章　替代指标研究

指标、价值体系及评价形成

各个国家通过指标来展示本国的进步和失败，如果说一些重大的政治问题和社会问题总是围绕着这些指标的话，那么，同样明显的是，进步程度评价和政治偏好有许多其他的推动力和信息来源，对理性和偏见起着不同的作用。因此，我们并不认为社会指标信仰和环境指标信仰能够取代经济增长信仰，这就等于过度追捧某些衡量工具，我们认为所有重要的内容都要被计算进去。不管怎样，一些总体性指标在舆论中扮演着重要的角色，当经济增长开始放缓或者变得不确定时，这种重要性似乎会增强，就好像不确定性加强了对重大问题的感知和对这一指标的关注。我们的一个假设是重要经济指标和重要社会指标不仅仅被动地反映了它们想要概括现象，它们还和信息环境的其他元素一起构成了我们认知框架、世界观、价值观和价值判断的一部分。事实上，其中某些指标的主导地位并非不偏不倚的。财富指标是一个关乎全体公民的重大问题，这就要求将现在局限在专家这一小范围内的辩论向外界开放。

再往长远看。我们马上要遇到几个综合指标，它们全都建立在国家范围内的集体"福利"概念的变体之上。然而，为了构建"福利"这个集体名词，就无法"接纳个体偏好"，关于这一问题，存在一些传统的反对意见。通过十分特别的假定，这种不可能性得到了精确的"证实"：每个人都有一定的偏好，他们不会为改变他人的立场而辩论，所有人的选择都十分坚定，他们在各种固定不变的选择之间投票，不得提出任何备选方案。在这一基础上，人们可以反对任何一个顶层权威的综合指标（一旦没能全票通过，独裁是唯一可以解决不可能性的方法），这是"美好福利"的观点，即指标设计者的观点。但是通过阿玛蒂亚·森（Amartya Sen，1999）和多米尼克·梅达（Dominique Méda，1999）的观点，我们也可以从相反的角度看待这些问题。赋予组成指标的各种变量"权重"，就好像在选择"有分量"的变量，这是一场关于"应该计算什么、什么应该最重要"的舆论和观点的交锋。这是一场旨在明确不同意见、建立足够广泛持续共识的交锋，以至于这些指标在还未被强行实施时，就已变得必不可少。因此，在建立"进步程度评价惯例"的同时，指标的合法地位也得到了确立。GDP也没逃过这一社会法则（Gadrey，2003）。在这一方面，如果一个指标是公开透明的（表现在它的价值、标准、来源及方法等方面），并且超出了设计者狭隘的视野，那么，变量的制定标准则值得探讨，这个指标似乎更有可能成为可持续非强制性公约的核心。这是对"围绕着"这些指标的社会动态的另一种思考方式，而不是只思考它们所揭示的社会问题或生态问题。

下文要介绍的替代指标将出现在价值体系以及对"美好社会"的描述中。这些断言并不是客观的。

统计工作类型学以及综合指标中心的确定

如何规范这一统计？我们采用两个基本标准：一是"价值"标准，二是方法标准。的确，相关工作受到尽管趋近但略有不同的担忧的引导：一方面是"社会"价值（人类发展和社会发展），另一方面是环境价值。寻找替代指标的工作借助两种不同的方法：第一种是没有把组成变量进行货币化（以货币单位的形式来表示）的异质性指标平均值（不管加权与否），也就是所谓的综合指标；第二种是使用某一同质计算单位，通常为货币（综合指标）。第二种方法，即货币化，是一种不把当前变量纳入国民账户的国民经济核算方法。比较罕见的做法是把两种方法结合起来。

近些年货币手段越来越多地受到环保运动的质疑，大部分社会和人类指数都采用第一种方法，许多包含大量环境因素的综合指标则仍采用第二种方法。因此，主要介绍非货币化指标的第三章和第四章针对的是一些更加社会化的主题，而第五章和第六章涉及一部分国民经济核算方法的延伸，旨在介绍环境占比较大的指标。第七章则介绍2007年到2015年的最新研究成果。

区分指标的其他标准

本书中，我们用于区分指标的两大标准并不是唯一需要考虑的因素。比如，重要的区别包括"主观和客观"两个对立的指标，主观指标基于一些观点和情感（满足感、信任感、安全感等）进行调查，而客观指标则建立在对现实情况不带明确价值判断的数据之上。这种区分实际上也没那么简单。比如，大量生产"客观"数据来自于大量的调查，基于被调查者的个人声明，其中都带有不同程度的主观性。甚至一些包括经济方面在内的"官方"数据，也总会影响人类决策的过程。这并不是要否认两种指标区分的有效性，而是要求将两种指标相对化。

财富新指标

综合指标互补性以及多维资产负债表

我们首先回顾一下采纳或拒绝综合指标的问题。通常来讲，这些指标是与用"资产负债表"或"经济指标"形式展现的多维指标对立的。在我们看来，并不需要在综合指标和多维经济指标之间进行选择，而是让两种选择同时得到重视，在特定的透明条件下，二者都能够丰富舆论的内容，相互支持，对个体评价和集体评价社会进步所做出贡献。比如，著名的经济学家阿马蒂亚·森就受到了联合国开发计划署关于这一问题开创性工作的启发。最初，他反对公布那些"粗浅的"综合指标（IDH，人类发展指标），而当时可用数据是相当丰富的。1999年，当再次谈到该问题的立场时，阿马蒂亚·森回忆了与另外一位联合国开发计划署报告及"指标之父"——赫布卜·乌·哈格（Mahbub ul Haq）的辩论时："赫布卜完全正确，我必须承认，我很高兴我们没有试图阻止他探求一种简易的衡量方法。通过审慎地利用人类发展指标的软实力，赫布卜成功地吸引了读者对他在《人类发展报告》介绍的各种统计表和详细的批判性分析的关注。这一指标简单清晰，受到了持久的关注。报告其余部分所阐述的复杂的实际情况也赢得了相关读者的关

注。"(联合国开发计划署,1999)

落后的法国正在追赶

长期以来,法国拥有优质的社会生产指标,以及研究不平等现象的公共设施与机构(尤其可以想到收入与成本研究中心①从前和20世纪60至70年代所有的社会统计)。这些机构并未受益于对过去三十年"社会问题"增长所带来的财富力量。比如,在法国,收入范围不可能有明确的概念(因此,解决不平等的措施以及相对贫穷的界限也不可能存在明确的概念),因为唯一可以利用的资源就是纳税申报,但很大一部分遗产收入都逃脱了税务申报。尽管法国环境研究所②有一定优势,但环境和可持续发展方面的情况也未能例外。

此外,在收入与成本研究中心时期,这样的研究或许能够带来好处,直到二十一世纪第一个十年末期,在经济以及新古典主义计量经济学工具的支配下,这些研究的重要性才有所下降。

不管怎样,那些继续积极活动革新的人应该得到支持,

---

① Cerc, 即 le Centre d'étude des fevenus et des coûts.
② Ifen, 即 Institut français de l'environnement.

不管是公开的统计数据还是研究和舆论方面，他们的努力减缓了衰退。由于他们的坚持，科学和政治动员才得以上升到一定的高度。我们要特别提及雅克·弗雷西内（Jacques Freyssinet）担任院长的标准化研究院的工作，2006年12月18日，他们作了题为"生活水平和社会不平等现象"的报告。还应感谢梅达（Méda, 1999）、蔚五海（Viveret, 2003）、佩雷（Perret, 2002），他们的著作让一场原本令人昏昏欲睡的辩论起死回生。长期以来，经济学家和国民经济核算审慎地考虑这些创新思想（这只是一种委婉的说法）。的确，人们在这些思想中找不到可靠的替代办法（这也不是他们的目的），国民经济核算不能因噎废食，这也是十分正确的做法。我们应该换一个问题。我们现在应该做的不是反对国民经济核算，而是把国民经济核算相对化，并将国民经济核算归结为多维问题，这样做反而不会排斥针对国家统计方法内部改善的相关研究。

二十一世纪第一个十年末期及第二个十年：新活力？

自21世纪以来，诸多事件的发生引发了各种工程和创新的日益增多。法国生态环境、能源、可持续发展及区域整治综合部门（MEEDDAT）推动了有关可持续发展指标的多项研究,在环境问题多方协商会议之后,该部门于2009年与经济、社会、环境和标准化研究院合作,成立了协商会议。此外,斯蒂格利茨委员会推进了法国统计局(IN-SEE)一系列工作的实施(从2010年度预算调查开始对碳足迹①、水足迹②及满意度指标进行的调查等)。近些年以来,联合国环境规划署(PNUE)和经合组织(OCDE)在国际舞台上十分活跃,制定出一些指标(包容性财富指数③和美好生活指数),各大机构通过大众传媒积极宣传这些指标。虽然通常来说,很难对"进步"一词做出准确的定义,但在近年来,在替代指标领域,进步十分显著,并且正在不断扩大。

---

① l'empreinte carbone,是指企业机构、活动、产品或个人通过交通运输、食品生产和消费以及各类生产过程等引起的温室气体排放的集合。——编者注

② l'empreinte eau,是指在日常生活中公众消费产品及服务过程所耗费的那些看不见的水,包括国家水足迹和个人水足迹两部分。——编者注

③ IWI。

第二章 GDP 与经济增长问题

在本章，我们将提供一份有意简化的报告，以确保没有任何国民经济核算和经济统计学方面知识的人都能看懂这份报告。经济增长的计算以 GDP 的定义为基础，GDP 由两部分构成：第一部分是某国一年内所有商品和服务交易的附加值；第二部分则是国家行政机关非商品服务产出成本：教育、公共卫生、国家机构、地方行政区域等。这样，就产生了可以衡量的经济财富，也就是说，GDP 主要是商品财富和货币财富的流量。至于经济增长，即 GDP 的增长，也就是所有的资产和服务出售后所产生的总量增长，或者货币价值或劳动报酬的产出。这里需要再一次简化，因为为了按可比价格计算 GDP，就必须抑制价格波动。但这并不会对对本章接下来的内容产生任何影响。

本章中，读者不需要更多的知识便足以理解那些关键问题。事实上，这种衡量国家财富的方法会产生五个主要后果，我们将一一举例说明。

> **国民经济核算的产生**
>
> 　　国民经济核算对 GDP 进行衡量的目的在于充分评估经济活动的生产性贡献。因此，在每个行业中，扣除在生产中被破坏或转换的资产价值，以及中间服务资产价值和产品服务（称作中间消费）所剩下的资产价值和产品服务（在市场活动中则是出售资产），就能估计出其生产性贡献。因此，我们就得到了总增加值（VAB），各行业的增加值总量便是 GDP。
>
> 　　除了中间消费，各行业也使用固定资产（机器、建筑等）。考虑到这一点，会计从总增加值中扣除固定资产消耗造成的贬值部分。由此，我们便得到净增值，通过各行业的总量便可得出国内生产净值（PIN）(Piriou, 2004)

——不论个人财富和集体财富是否会有所增加，所有可以出售且有货币增加值的东西都将会促进 GDP 和经济的增长；

——许多有利于社会福利的活动和资源都未计算进去，原因很简单，因为它们不适用于商业活动或者没有直接货币生产成本。家务劳动或志愿服务即是此种情况。

——GDP 的计算与核算财富的分配无关，也无法说明

 财富新指标

社会经济不平等、贫困、经济安全等问题,而这些因素几乎均被视作社会福利的不同维度。

——GDP 只衡量产出,也就是产品数量。它不关心对评价进步更为重要的结果(满意度结果或这些资产消费的福利),即它衡量的是某一社会的"多得"与"多产",而非它的福利。

——最后,作为流动指标,GDP 完全不考虑遗产和储备,为了把产量维持在某一水平以及维持产量的"外部因素",必须排除掉这一部分。

卫星账户

对于保护当前权限一致的账户这一问题,目前最开放观点是针对各种主题(教育、健康、环境、社保、旅游、家务等)创建"卫星账户"。一些账户已经存在,但其政治、媒体影响似乎比较微弱。主要涉及财政的旅游卫星账户引入了与顾客行为(旅游消费变化等)及企业活动(占有率/入住率、地区差异)相关的行为。

人们可能担心这些卫星账户会和其他账户一样,最终无法实现,并在公共领域崩溃。我们认为,如果除了无限期围绕整个地球的中心账户以外还有其他前景,这些工作是值得鼓励的。

关于国民账户的争论

面对这些批判,大多数国民经济核算采用了一种简单的辩护词并有正当的理由:"我们很清楚,GDP 和经济增长不是社会福利的衡量标准,它们也不是用来衡量社会福利的工具,这是十分蹩脚的指责。如果有人提议将福利指标计入 GDP 并加以利用,没有人会反对。让我们做我们该做的事,也请你们做你们想做的事,但是,不要让我们看到!必要时,我们会考虑'卫星账户',但它们并不融入'中心框架'的使命。"

负有经济学家和会计师的观点对错各半。他们说的有道理,是因为 GDP 做不到这一点。GDP 并非福利指标(尽管人们可以指出,半个世纪以来,它的许多方法和转变与对福利的关注、人类发展以及可持续发展息息相关)(Gadrey, 2003)。因此,应该同时创建其他新指标。但是,他们至少在两个方面是错误的:

——经济学家和国民经济核算(受政策的鼓励,他们是统计工作的支持者)仍然把衡量及利用 GDP 和经济增长的能力应用于这些问题上,即使最近这一点已经发生了变化。公开的统计数据可能会采用更多的方法来开发和传播

那些更适合社会福利、人类发展、社会发展和生态可持续性等概念的替代性指标。

——经济学家和国民经济核算认为,他们没有混淆"经济增长"和"福利增长"的概念,如果其他人将两者混淆,这和他们没有一点儿关系。也许吧。但是在媒体和舆论看来,经济增长的要求总是进步的基础,很少有人向我们谈到社会医疗、福利、环境指标,该如何解释这一现象呢?当一个国家的健康几乎仅由经济健康来评价时,经济学家和统计学家对于这种不平衡的处境难道没有任何责任吗?2003年11月18日,法国《世界报》经济版发表了一篇文章,标题为"日本更好,而日本人却更糟"。一个国家的经济被评价为更好,而该国居民的处境却更糟,这究竟是怎么一回事?难道不是因为对国家财富的某一个方面关注度过高所导致的吗?

国民生产总值、经济增长以及福利

通过下面几条基本论据和实例,我们能更好地理解国民生产总值和经济增长的概念与福利和发展的概念有多么不同。

不扣除目前增长模式的损失

例一：在同等条件下，相比谨慎驾驶车辆的社会，一个交通事故多发，迫切需要医疗、汽车维修、急诊室等的社会拥有更高的 GDP。确切地说，比起用于增加外福利的生产，它将更大一部分经济资源和活动转移到损失的修复上来。举一个虚构的例子：如果一个国家给 10% 的人支付报酬，让他们破坏财产，在公路上挖坑，破坏车辆等；再给 10% 的人报酬，让他们维修、填补破洞等。这个社会和一个把这 20% 的劳动力全都用于增加寿命、提高教育水平和参加文化娱乐活动的社会拥有同样的 GDP。

我们以同样的思路来计算人类活动造成的环境损害修复费用。生态理念将之命名为防卫性支出。由此可以看出，不应该把主要用于修复人类生产或消费活动（即"人为活动"）所造成的支出（以及相关的生产）当作对"真正的"财富的积极贡献。如果人为活动（污染、自然资源枯竭、不法行为、交通事故……）导致福利减少，包括生产那些数量为 X 的修复性或防卫性的商品和服务，在衡量"真正的"财富净增值时，不应将 X 计入其中。而作为 GDP，要采用纯粹的逻辑加法，准确地计算修复性产量 X，就必须从 GDP 中扣除 X，才能更好地理解"真正的""财富"创造，

财富新指标

这些均有利于社会福利。如果家庭购买越来越多的治疗精神疾病的药品或设备、防盗防污染装置,如果国家花费数十亿元用来缓解压力或预防日渐增长的恐怖主义风险,要想更好地评估福利变化,应该从GDP(或者从生活水平)中扣除这些部分产出。在某些国家,心理压力、偷盗、谋杀风险和污染风险微乎其微,也就不需要这些花费了。正如弗雷德·赫希(Fred Hirsh,1976)所说道,如果外界温度降低,为了维持室内温度,要把暖气烧得更热,这样福利就不会发展了。在本节中,可以用"污染、不法行为、交通事故、不受控制的城市化……"来代替"外界温度",用"增加修复性或防御性生产"来代替"把暖气烧得更热"。

外部影响因素

经济学家们认为,持续的生产和消费活动会产生正面或负面的"外部影响"。当生产活动(或消费活动)产生意外或非故意影响(不属于生产或消费的目标),损害了其他经济主体,而成本并未反映在市场上,这种损害就被忽视了。其他由工业活动造成的污染或与此活动相关的生物多样性损失便是这种情况。

经济学家试图通过不同的方法来评估这些外部因素的经济成本:测量观察到的经济影响、评估预防成本、价格形成相关参数评估

> （享乐价格分析法）、"意愿调查价值评估"方法①（在调查的基础上估算人们准备支付的价格，以避免不必要的外部因素）。
>
> 　　在这种分析框架下，国家干预的目的是把与外部因素相关的，尤其是创造税收引起的全部或部分成本"内部化"。

　　例二：对亚马逊雨林有组织的破坏是一项促进全球GDP的活动，因为这些活动成为允许木材迅速生产，并用密集农业来替代森林及其衍生品的生产的理由。不论在何处，人们都无法计算出由此所造成的自然损失和人类遗产损失，也无法计算对气候、生物多样性、子孙后代以及生活在这片森林的当代人需求的各种影响。GDP不包括自然遗产的损失，但人类有组织的破坏活动却被计入其中。同样，通过污染河流的生产活动来实现增长，那些对GDP做出贡献的公司会造成一些损失，减少了一部分人的福利。然而，在经济财富核算中，它们并没有被当作损失计算进去。

---

① Contingent Valuation Method，简称CVM，常译为"意愿调查法"或"意愿调查价值评估法"，是一种基于调查的评估非市场物品和服务价值的方法，利用调查问卷直接引导相关物品或服务的价值，所得到的价值依赖于构建（假想或模拟）市场和调查方案所描述的物品或服务的性质。这种方法被普遍用于公共品的定价。公共品具有非排他性和非竞争性的特点，在现实的市场中无法给出其价格。环境物品是个很好的例子，对其经济价值的评估是意愿调查的一个重要应用。——编者注

财富新指标

通过以上两个例子我们可以看到,任何地方的人们都没有把与经济增长相关的损失和破坏(福利损失)计算进去。因此,只要有生产和销售,我们就有了经济指标,却没有考虑我们在此过程中损失的东西、无法用货币衡量价值但对我们当下以及子孙后代的福利有巨大价值的东西。

不计算对福利的重要贡献

除了这些没有考虑到福利损失的实例,还有一些没有考虑收益,即对福利的重要贡献的情况。以下是几个案例。

例一:如果为了获得高经济增长率,我们强迫或唆使人们工作得越来越多,拥有更少的娱乐时间和自由时间,这种现象只会被看成是 GDP 的增长,因为 GDP 不认为自由时间的增加是值得核算的财富。我们并不是盲目地选择了这个例子:在美国,1980 年到 21 世纪初期,人均年工作时间增加值相当于 5 个正常工作周的时间(204 小时),这与当时几乎所有的欧洲国家相反。这就是一个对福利有重要贡献的例子,自由的时间并不会被作为社会财富。

来看另一个被忽视了贡献的例子。根据在 GDP 的现有含义,志愿活动不是促进国家财富的活动,因为它是无偿的、非货币的。难道这一活动没有和有偿活动一样产出了财富和福利吗?

第三个也是最后一个被忽视贡献的重要案例是大多数由女性从事的家务劳动。这是最无形的工作。然而，它的劳动量巨大，我们也很清楚，它和有偿工作一样增进社会福利。据估计，在发达国家，无报酬的家务劳动的总时间和有偿工作的总时间是相同的。根据法国统计局的 2010 时间预算调查，成年人每天有 3 小时 10 分用于家务劳动，3 小时 15 分用来参加职业活动和培训。如果我们给家务劳动赋予同等的价值，它将会超出 GDP 一倍！即使我们赋予它较少的价值，比如女佣或家政服务每小时的价值，这仍是一笔被忽视的巨大财富。正因如此，夏多和福尔盖（Chadeau & Fou quet，1981）认为，家务劳动的价值占 GDP 的 32% 至 77%。由斯蒂格利茨委员会 2009 年在小范围内所做工作的估计约为 33%。我们并不打算把这部分计入 GDP，但这值得人们反思 GDP 的局限性，促使我们在对社会进步进行评价时淡化它的作用。

GDP 注重输出，并非结果

我们知道，多得并不是福利。福利要从两个方面进行研究。一是基于观点和满意度调查所评估出的主观福利，这些调查的结果解释起来很棘手，从公共政策的角度来看仍难以利用，但是不管怎样，它们可以反映出生活水平变化和福利变化感知之间可能存在的分歧（Cassiers & Delain, 2006）。这一问题从伊斯特林（Easterlin）的基本工作以来就一直困扰着经济学家，伊斯特林曾证实，经济增长与个人"幸福"之间没有关系。自20世纪80年代以来，人们从多个角度讨论了这些问题，正如卢西·达瓦纳在她的工作总结中所报告的那样（Davoine, 2012）。二是建立在各种标准之上（健康、期望寿命、受教育机会、知识掌握、经济安全、贫困和不平等普遍存在、住房和工作条件、环境质量等）的"客观福利"。然而，GDP只衡量输出量（财产量、消费服务量），不衡量结果。比如，卫生保健服务对经济增长的贡献仅仅由门诊、入院、治疗措施（在最好的情况下），而不以这些服务对健康状况和生活条件改善的贡献为基础。预防健康危害的有效政策可能会减少健康服务对经济增长所做的贡献，但这种政策很可能会促进福利增加。

家务劳动货币化方法

最传统的两种方法如下：第一种方法是产出评价法，即市场上等价"产品"的价格标准来提高家务劳动的价值（做饭、洗衣）。第二种方法更为常用，指的是根据家务劳动的时间，运用"市场"工资标准（如家庭妇女的工资标准）、平均工资标准或者最低工资来确定家务劳动的工资标准。

为谁而增长？

除了"增长什么"这个问题以外，还有"为谁而增长"这一问题，也就是不平等的问题。近年来，伴随着2%或3%的年均经济增长而来的是社会不平等的加剧或减轻。约瑟夫·斯蒂格利茨（Joseph Stiglitz）强调，1990年到2005年，美国的经济增长仅仅有益于金字塔顶端10%的人（10%最富有的美国人），而金字塔底端10%的人则在经历萧条，他们的购买力甚至在下降。财富的主要概念并没有考虑这些现象。这正常吗？生活在一个有着大量穷人和少数富人的社会，这与我们的福利毫不相干吗？穷人多挣1欧元或1美元难道没有比富人增加同样的金额产生更多的福利吗？然而，这只是那些把GDP、财富和进步混为一谈的人的假设。另外，如果国民经济核算不反对这种混为一谈的做法的话，很明显，它会大量地用于日常实践中，因为在进步程度评价中，市场和货币维度的压倒性地位不会被相同数量的替代性指标也不会抵消增长在市场和货币方面的压倒性地位。

第三章 人类发展指标

本章和第四章所讨论的大多数综合指标都涉及"人类和社会",如人类发展、"社会健康"、福利和生活质量。这些术语并不是同义词。基本概念有时是个人主义甚至是功利主义,有时,尤其是涉及当前经济不平等的标准和保护经济免于不安感的问题时,又非常集体主义或"社会主义"。我们不会每次都阐述这些概念的哲学基础。在某些情况中,举措的创造者明确地承担了这些工作。其他情况中,这些基础比较隐晦或者似乎是混合的。我们倾向于认为,新指标的政治前途取决于把个人主义概念和社会目标相结合的能力,而不是把它们相互对立起来。这难道不也是民主的总体要求吗?

我们在本章和下章将研究综合指标。所有指标针对的都是人类发展和社会进步问题,其中最著名的就是联合国开发计划署的综合指标,它也是本章研究的对象。第四章将研究各种"社会健康"的合成指数。

术语精确:在本书中,我们把某一指标所涵盖的各个领域称作"维度"。"变量"是每一维度的最基本的构成。这种精确仅适用于阐述两大新综合指标。这是大多数情况。

联合国开发计划署(PNUD)具有历史意义的四项指标

有很多研究这些指标的工作(Destremeau & Salama, 2002),甚至有很多仅仅研究人类发展指数的工作,联合国开发计划署通过人类发展指数开始限定国际重要指标的范围,它也是最为著名、传播最广的指标。《未来学研究者》(Futuribles)杂志在1998年5月发表了世界银行前首席经济学家让·巴奈特(Jean Baneth)极具批判性、思路清晰且论据充分的文章,他在文中系统地批判了这些指标和它们的支持者。来回顾这些批评,我们赞同其中基于统计学常识的一些批评,但是反对那些推翻提出质疑、阐述立场的重要著作的做法。

至于调整发展指标,更重视"第三世界"的意见,只不过是加以适度的重新平衡,并加以解释。

四项综合指标

1990—2009 年,联合国开发计划署每年发布了一份关于人类发展的年度报告,随后每两年发布一次,报告包含一系列的经济、社会和环境指标,并且不断扩充。其中,最基本的人类发展指数原本用于指导发展中国家,后来在全世界广泛传播,并取得了引人瞩目的成功。这一指标十分简单,1990—2009 年期间的版本中为三个指标的平均值,每个指标都的取值范围从 0 到 1:人均 GDP(代表购买力平价[①])、出生时预期寿命[②]、受教育程度(的成人识字率入学率的权重分别为 2/3 和 1/3 综合指标衡量的对国家进行排名。下面的专题明确指出人类发展指数计算方法的几个要点。联合国开发计划署随后公布了其他三个综合指标。首先,自 1995 年,ISDH(性别发展指数:"有性别的"这个形容词也许不太粗俗)用三个描述人类发展的指标来评价

---

    ① 购买力平价,法语为 Parité de pouvoir d'achat 是瑞典经济学家古斯塔夫·卡塞尔提出的一个概念,是指两种货币之间的汇率决定于它们单位货币购买之间的比例,也即平常所说的购买力水平。——编者注

    ② 出生时预期寿命,简称平均寿命,是指人们在某一年龄时还可能继续生存的平均年数。一般用刚出生人群可能生存的年数表示,它反映健康和社会的发展状态。出生时预期寿命 eoo = To/10,即等于一批人终身所能活的总人年龄数与出生人数之比。——编者注

男性和女性处境的差别。同年，IPF（妇女权力指数）完善了前者。1997年公布了IPH（人类贫困指数），指出一部分人口的人权缺失、贫困、社会排斥，发展中国家为IPH-1，发达国家为IPH-2。对于发达国家来讲，IPH-2考虑同样重要的四个标准：60岁前死亡的概率、文盲百分比、贫困线以下的人口百分比及长期失业率。

根据2008年可用的指标数据（联合国开发计划署2009年的报告），全球前21个国家的IDH、人均GDP、IPH、IPF四项排名中（IPH-2只有18个国家，由于缺少数据，未包括奥地利等几个发达国家），法国分别名列第8、25、8、17位，长期以来，因为拒绝提供数据。法国的妇女权力指数未能上榜。

不论这些指标有多少局限性，它们已经"指出"了包括发达国家在内的许多问题。比如，人们注意到北欧国家在几乎所有类别中都获得高分，尤其是在减少各种形式的不平等（贫富不平等、两性不平等）方面，引入经济财富时，虽然这个排名仍然不失公正，这一点是非常重要的。研究社会绩效（排名）比净经济绩效（又是北欧国家）高的国家也有重要意义。我们也注意到，根据贫困发生率（涉及17个国家的），排名倒数四位按顺序依次为英国、美国、爱尔兰和意大利。其中三个国家都实行"盎格鲁－撒克逊"的社会模式及社会准则。

 财富新指标

IDH 的计算（2010 年以前的版本）

人类发展指数由三个取值在 0 到 1 之间的分指数构成，总指数为其平均值，但是第二个分指数本身就是两个指数加权而成。三个分指数如下，每次我们都会说明得到 0 到 1 之间数值的方法。

1. 出生时预期寿命指数

出生时预期寿命（E）是以年份的形式表现的。为了将它转换为指数（$IESP$），我们采用这一公式：

$IESP = (E - 25)/(85 - 25)$。

85 表示短时间内任何国家都无法达到的最大寿命（但是日本已超过 80 岁），25 这一数字远远低于一些死亡率最高的国家（非洲国家平均期望寿命大约为 35 岁）。例如，根据联合国开发计划署 2009 年的报告，2007 年法国人的预期寿命是 81 岁，预期寿命指数为 0.933。

2. 教育水平指数（识字率 + 入学率）

教育水平指数衡量的是一个国家在成人识字率和三个阶段的毛入学率（毛合并入学率）两个方面所取得的成就。首先计算成人识字率（识字人口比例，0 到 1 之间），其次是入学率（三个年龄段人口入学率）。其中成人识字率权重为三分之二，毛入学率权重为三分之一之后，将这两个指数合并起来（加权平均数）以得出教育水平指数。

这一方法在识字率问题严重且定期统计的国家很有意义。而

最发达的国家总是缺少可靠数据（法国便是这样），于是按照惯例，联合国开发计划署将识字率定为0.99。

2007年法国的教育水平指数为0.978。

3. 购买力平价人均GDP指数

GDP指数（IPIB）在人均GDP的基础上计算（美国人消费同样的商品和服务，在法国价格为0.90欧元，在美国为1美元，可以说两个国家的"购买力平价"的1美元对应的是0.9欧元，我们就能够用购买力平价美元来表示法国的GDP），由对数函数对其进行"修正"（基数为10）。这种做法基于这一理念：为了达到可接受的人类发展水平，无限收入并不是必要的。通过引入对数函数，我们可以推测出，财富超过一定水平后，其他两个变量各项相等时，在经济增长率不变的条件下，人类发展速度越来越慢。这一推测还得到了另一设定的支持，即把GDP值换算成0到1指数所必要的最低界限和最高界限（这两个界限同ISEP的25岁和85岁界限发挥着同样的作用）。对于人均GDP，最低界限规定为每年100美元，最高界限为每年40000美元。下面的专题介绍对这类设定强烈的批判。

2007年，法国人均GDP为33674美元（PPA），GDP指数为0.971。算法如下：

GDP指数 = $[\log(33674) - \log(100)]/[\log(40000) - \log(100)] = 0.971$

IDH是三个分指数的算术平均值，即（IESP + INI + IPIB）/3。2007年，法国IDH为0.961，全球排名第8。

 财富新指标

2010年联合国开发计划署的创新

2010年，在IDH发布20周年之际，联合国开发计划署从包含个人"自由和扩大选择"的人类发展扩展视角入手，启动了对主要指标的重大调整。

这一工作是在两个重要思想的指导下进行的。首先是与观察到的事实有关。对于某些国家而言，经济增长与IDH中收入以外的因素（教育、健康）的变化关系不大。另一前提，虽然IDH覆盖人类发展的基本物质方面，但它对"美好生活"（good life）的重要维度仍不敏感。联合国开发计划署保留的人类发展四大指标（调整后的IDH；IDHI——对不平等进行调整后的人类可持续发展指数；IIG——性别不平等指数；IPM——多维度贫困指数）有两方面的进步：一方面，通过技术选择，它们限制了综合指标不同维度之间完全"抵消"的后果；另一方面，通过IDHI，它们更多地考虑了社会和性别的不平等。这些指标总是力求完善人类发展指标的视角。但是，这种较高的统计相关性[①]与经统计工具的精密性和复杂性密切相关，也许

---

① 统计相关性，是经济学常用的一种分析工具，能够通过数据分析出其中的关联性。——编制注

还要以牺牲公民自主权能力为代价。

> **有些指标不太适合发达国家**
>
> 在 2009 年以前的初版中，IDH 和 ISDH 无法反映发达国家在生产力不足方面的显著差距，但是把这些差距纳入考量的做法是很有道理的。对这种相对缺陷的解释多种多样，但都坚持把每一绩效指标（人均 GDP、期望寿命、教育）标注在 0 到 1 之间这一方法。就备受传统争议的人均 GDP 所受到的限制而言，这一点就特别明显：当一个国家人均 GDP 达到 40000 美元（PPA）的水平时便得到 1 分，此外，当靠近这一界限时——这是最富有国家的情况——人均 GDP 的增长便不再对 IDH 产生影响。比如，当人均 GDP 从 25000 美元升至 30000 美元时（在 15 个最富有的国家里，大部分国家都达到了这一水平），包含这一变量的 IDH 便从 0.922 升至 0.951，当人均 GDP 从 30000 美元升至 40000 美元时，IDH 便从 0.951 升至 1（绝对最大值）。
>
> 这一传统背后是一个十分公正的理念：经济财富在人类发展或福利上"收益递减"。我们本来可以把这一公正的理念转换为绝对"上限"，超过这一限度，财富对人类发展增长的贡献将变为零。对于 IDH，我们也可以采用同样的方法，来促使联合国开发计划署创建两个贫困指数（一个用于发达国家，一个用于发展中国家）。这样，发达国家之间又会有一些差距，在保证公平观念的同时，确保 IDH 和 ISDH 首先是用于分析大部分欠发达国家或中等发展水平国家的绩效而设计的（即：PNUD 统计的 174 个国家

财富新指标

中的 128 个国家）。这并非 2010 年 PNUD 人类发展指标进行改编时所采用的惯例。

被几何平均数减弱的维度间替代性影响

为了衡量出算数平均数①与几何平均数②之间的差额，我们模拟了四个国家的情况。

	健康指数	教育指数	生活水平指数	旧版IDH（指数的算术平均数）	2010年版IDH（指数的几何平均数）
A 国	0.7	0.7	0.7	0.70	0.70
B 国	0.6	0.7	0.8	0.70	0.70
C 国	0.5	0.7	0.9	0.70	0.68
D 国	0.4	0.7	1	0.70	0.65

在这一模拟的例子中，根据 IDH 三个维度，这些不同的指数提供了四个国家与之前版本相同的 IDH。以 D 国为例，如果指数绩效分歧过大，使用几何平均数反而会降低 IDH 的整体绩效。

---

① 算数平均数，又称均值，是统计学中最基本、最常用的一种平均指标，分类简单算术平均数和加权算术平均数。在实际问题中，当各项权重不相等时，计算平均数时要采用加权平均数；当各项权相等时，计算平均数则要采用算术平均数。——编者注

② 几何平均数，是对各变量值的连乘积开项数次方根。求几何数的方法叫做几何平均法。几何平均数分为简单几何平均数和加权几何平均数两种形式。——编者注

2010 年版人类发展指数

和以前一样,现在的主导性指标 IDH 是健康、教育、收入三个维度的几何平均值(见框内文字"IDH 的计算(2010 版)")。但是,这三个维度的内容已经发生了部分变化(除了出生时预期寿命仍然代表"健康"维度)。教育由观察到的平均学校教育年数(代表目前成年人教育水平——25 岁以上)和预期学校教育年数(后者由联合国教科文组织确定,是指如果规定年龄入学率在一个适龄孩子一生中都不变的话,他可以享受的受教育年数)的组合。此外,在经济资源获取方面,用人均国民收入取代了人均 GDP,这样能更好地表示人民的(平均)生活水平。经过调查的 IDH 的主要好处在于使用了几何平均值,避免了各维度之间的完全替代:不同维度的指数对平均数的影响不同。主导这一选择的思想是令人信服的:对那些试图同时促进人类发展所有维度的国家来说,比简单平均值让非专业人士更难理解的方法,是"惩罚"那些在某一维度明显落后的国家。

人类发展指数的计算（2010 版）

人类发展指数是三个取值在 0 到 1 之间的分指数（健康、教育、收入）的几何平均值（$\sqrt[3]{I_{健康} \times I_{教育} \times I_{收入}}$）。

1. 出生时预期寿命

出生时预期寿命（E）是以年份的形式来表现的。为了将它转换为指数（$I_{健康}$），我们采用以下公式：

$I_{健康} = (E - 20) / (85 - 25)$。

20 和 85 分别为最小值和最大值。例如，2014 年，法国人口出生时预期寿命为 82.2 岁，指数为 0.957。

2. 教育水平（平均受教育年限和预期受教育年限）

教育水平指数 $I_{教育}$ 衡量的是一个国家国民在三个阶段的受教育年限（总入学率）。首先计算观察到的受教育指数：在 IDH 高的国家里，2014 年该指标在 7.2 到 13.1 年之间（主要是英国和德国），另外是预期受教育年限（如果目前入学率不变，现在的孩子成年时可以达到的受教育年限）（RDH，2010）。所有数据均由联合国教科文组织提供。这里所采纳的标准化包括 1980 年到 2010 年之间对每一变数观察到的最大值（平均年限为 15 年，预期年限为 18 年——相当于从小学到硕士）和作为"生存"最小值的 0（考虑到一个社会没有正式教育也是可以存在的）。之后通过算术平均将两个指数合并起来。

2010年，法国受教育年限为10.4年，预期受教育年限为16.1年，由此得出受教育水平指数为0.828。

3. 购买力平价人均国民收入（RNB）

国民收入指数（IRNB）旨在反映"体面的生活水平"，在人均国民收入取自然对数的基础上计算，以购买力平价（PPA）的形式表现出来。人均国民收入的最低界限定为（自2011年起）每年100美元，最高界限为75000美元，经济文献和联合国开发计划署认为，一旦超过这一界限，就不再获得福利。

2014年法国人均国民收入是38056美元（PPA），人均国民收入指数为0.91，计算公式为：

RNB 指数 = [ln(38056 − ln(100)]/[ln(75000) − ln(100)] = 0.898

IDH 的几何平均值：

$$\sqrt[3]{I_{健康} \times I_{教育} \times I_{收入}} = \sqrt[3]{健康指数 \times 教育指数 \times 生活水平指数}$$

2014年法国的IDH为0.888，世界排名第22位。

两个版本的IDH是不可比的，尤其是2009年到2010年"衔接"的这两年，方法的改变导致排名出现了显著变化。根据之前的IDH，美国排名第13位；根据新版IDH，美国排名上升至第4位，冰岛从第17位上升至第3位。更普遍的是，从此以后，在所有的高水平IDH国家里，盎格鲁—撒克逊国家排名都在最前面，而大陆国家排名都在最后面，斯堪的纳维亚半岛国家排名则较分散（挪威第1位、瑞典第9位、芬兰第16位)。

进行不平等调整后的人类发展指数

受英国经济学家安东尼·阿特金森(Anthony Atkinson)所做工作的启发,人们采用复杂的统计方法,根据每个维度的不平等状况加权计算人类发展指数。这样做是为了确保"社会某一群体内,人类发展的任何改进或倒退将会引起人类发展全球绩效的变化"。在这种看问题的方式下,如果某一维度中不存在任何不平等的话,IDH 就可是最终得指标。根据个人收入分配和受教育年限可计算不平等,而预期寿命的分布则是根据年龄段计算,这也是一个可能与全国范围可比数据可得性相关的备受争议的设定。

在每一维度,不平等(In)的衡量依据以下公式:

$$In = 1 - (几何平均数/算术平均数)$$

换句话说,几何平均数:①降低了分布中不平等的平均值;②提高了收入分配中的低收入群体的重要性。

这种方法具有过时的理论和伦理学根据,但它极端复杂,普通人难以接受。在涉及以各种惯例为基础的综合指标时,这些过时的方法是否更好,是值得认真考虑的。

性别不平等指数（IIG）

该指数旨在反映妇女在三个维度的劣势："与生育相关的健康状况"（包括孕妇死亡率和未成年少女生育率）、赋权和就业市场。IIG 表示在这些维度中由男女不平等直接引起的人类发展"损失"。IIG 在 0 到 1 之间波动，0 说明女性享有和男性一样的待遇，1 表示妇女处于最糟糕的状况。

表 3.1 给出了前 30 名国家 IDH、人均 RNB、进行不平等调整后的 IDH 和 IIG 四个项目 2014 年排名前 30 的国家和地区，数据出自联合国开发计划署 2015 年的报告。2014 年，法国性别不平等指数排名第 13 位，IDH 排名第 22 位。

表 3.1　根据联合国开发计划署主要指标的发达国家的地区排名

国家	IDH	RNB	进行不平等调整后的 IDH	IIG（性别不平等指数）
	2014 年排名	2014 年排名	2014 年排名	
挪威	1	6	1. 挪威	1. 斯洛文尼亚
澳大利亚	2	19	2. 荷兰	2. 瑞士
瑞士	3	9	3. 瑞士	3. 德国
丹麦	4	15	4. 澳大利亚	4. 丹麦
荷兰	5	14	5. 丹麦	5. 奥地利
德国	6	17	6. 德国	6. 瑞典
爱尔兰	6	22	7. 爱尔兰	7. 荷兰

续表

国家	IDH 2014年排名	RNB 2014年排名	进行不平等调整后的IDH 2014年排名	IIG（性别不平等指数）
美国	8	11	8. 加拿大	8. 比利时
加拿大	9	20	9. 瑞典	9. 挪威
新西兰	9	32	10. 冰岛	10. 意大利
新加坡	11	4	11. 芬兰	11. 芬兰
中国香港	12	10	12. 英国	12. 冰岛
列支敦士登	13	3	13. 斯洛文尼亚	13. 法国
瑞典	14	13	14. 捷克共和国	14. 新加坡
英国	14	23	15. 卢森堡	15. 捷克共和国
冰岛	16	28	16. 比利时	16. 西班牙
韩国	17	30	17. 奥地利	17. 卢森堡
以色列	18	34	18. 法国	18. 以色列
卢森堡	19	8	19. 爱沙尼亚	19. 澳大利亚
日本	20	27	20. 日本	20. 葡萄牙
比利时	21	21	21. 西班牙	21. 爱尔兰
法国	22	26	22. 斯洛伐克	22. 塞浦路斯
奥地利	23	18	23. 以色列	23. 韩国
芬兰	24	24	24. 美国	24. 立陶宛
斯洛伐克	25	37	25. 意大利	25. 加拿大
西班牙	26	33	26. 马耳他	26. 日本
意大利	27	31	27. 希腊	27. 波兰
捷克共和国	28	38	28. 塞浦路斯	28. 希腊
希腊	29	43	29. 波兰	29. 克罗地亚
爱沙尼亚	30	42	30. 匈牙利	30. 新西兰

来源：联合国开发计划署，2015年人类发展报告，2014年数据

多维贫困指数（IPM）

该指数衡量个人在教育、健康和生活水平方面所遭受的各种"剥削"。"它利用家庭调查所得微观数据——与进行不平等调整后的人类发展指数相反——衡量编定需要的所有指标必须出自同一调查。"（RMDH，2010）这是指从贫困的多维视角出发，对生活条件贫困的衡量，但是不管怎样，在发达国家，也是建立在绝对视角（甚至悲惨主义？）之上，并且不太适合人类贫困（我们不再做出关于长期失业以及相关货币贫困率反映出经济不平等的说明）。相对于之前的"人类发展指标"而言，经济增长的意义并不明显。将两个不同的贫困指标（IPH-1 和 IPH-2）过渡到全球所有国家统一的指标上，毫无疑问，这一指标有它的优势，但显然还有很多缺陷。我们也可以对剥削的某些标准提出一些问题，比如，在一个私家车普及到所有家庭可能会形成生态灾难的国家里，有一个家庭没有汽车……

> **联合国开发计划署认定的多维剥削**
>
> 在指定的一户人家中，我们根据一家人遭受的剥削数量认定个人是否贫困。如果所受剥削数量等于或多于以下三项，这户人家（每个成员共同组成了家庭）则被视为贫困。

> 受教育年限：家庭成员中没有一个人完成五年小学教育，或者至少一个适龄孩子（13–14岁）总是不去上学。
>
> 健康：至少一位家庭成员营养不良，并且一个或几个孩子夭折。
>
> 生活水平：缺乏电和干净的饮用水，人要的卫生设施做饭使用"肮脏"的燃料，住房地面肮脏，家庭没有小轿车、卡车或其他机动车辆，拥有至多一件下列财产：自行车、电动车、收音机、冰箱、电话或电视机。

结 论

如果我们想深入研究这些问题，就不能局限于这些宏观的综合指标。在联合国开发计划署的表格中，尽管这些指标的数量被控制在十年内，但它们仍然促使我们对大量充满教育意义的成分变量进行研究。但任何致力于覆盖全球所有国家统计数据的比较方法的实用性和可靠性都比较有限，尤其是对发达国家进行排名时。此外，联合国开发计划署的某些指标已经开始受到质疑，尤其是要描述贫困时，所采用的贫困视角是规范且绝对的。其他指标也许更加实用，但是需要越来越精密的统计，这样也就丧失了过去加强其创造力的通信能力。时间会验证联合国开发计划署这些新的综合指标是否得当，是否能和过去一样广泛传播。我们对此持怀疑态度。

我们将在下章讨论其他一些方法，它们没有全球性的目标，但对个别国家或者一部分国家的评估更加深入。

第四章 社会性综合指标

本章介绍几个"社会"综合指标,它们都涉及不平等、贫困以及各种"社会病态"问题。这些指数的研究员和创建者认为,它们是对"社会大问题"的概括。

社会健康指数

该指数由福德姆大学(Fordham University)社会政策创新研究所(Institute for Innovation in Social Policy)的马克·米林格夫(Marc Miringoff)和马克-路易莎·米林格夫(Marque-Luisa Miringoff)夫妇编制的。俩人的研究工作要追溯到20世纪80年代后半期。自1996年在Challenge杂志上发表了一篇重要文章(Miringoff et al, 1996),发布了社会健康指数(ISH, Index of Social Health,之后叫作ISS),赢得了极大的国际声誉,之后俩人又完善了相关研究(Miringoff &

Miringoff，1999）。经过一些调整之后，社会健康指数也应用于加拿大（Brink & Zeesman，1997）和美国康涅狄格州。

ISS 是指既与 GDP 竞争又完善 GDP 的社会综合指标。它有 16 个基本变量涉及五个不同年龄段与各年龄段相关的五个部分。表 4.2 展示了该指数的格式。布林克和兹曼解释了分年龄段的好处：

——年龄段具有普遍性，每个人都（可能）经历过所有年龄段；

——它创建了一个整体框架，即一个看待社会重大问题的总体视角；

——它突出重要的社会趋势，比如，在 20 世纪 80 年代儿童地位的恶化，老人地位则得到了相对改善；

——结果很容易解读，为关于经济和社会政策的讨论提供了便利。

表 4.2　社会健康指数的构成

方面指标	基础指示
儿童	婴儿死亡率
	受虐待儿童
	贫困儿童
青少年	自杀青年
	吸毒
	大学辍学
	未成年母亲产子

续表

成年人	失业
	月平均收入
	健康保险覆盖率
老年人	65 岁以上的贫困人数
	65 岁的人数
所有年龄段	暴力犯罪
	酒驾致死的交通事故
	拥有价格适中的住房
	家庭收入不均

米林格夫夫妇在 Challenge 上发表的文章（1996）首次在同一框架中介绍了 GDP 和这一新指数的变化。1973 年前后，两个指标之间的脱节（GDP 继续上升，ISS 明显下降）产生了巨大的影响。福德姆研究所（Fordaham Institute）的网站上提供了已更新的 ISS 会部 16 个变量的曲线。但是，由于时间跨度不是很大，也就无法很好地解释 20 世纪 70 年代中期脱节的原因了（见图 4.1）。

> **社会健康指数（ISS）归并方法**
>
> 首先，我们回顾归并方法。这一方法对这一指标和本章介绍的其他指标提出了一些棘手的问题。它要求记录下每一年的每个变量，然后算出年平均数。对于每一变量，0 分指研究阶段的最差绩效，100 分为最好绩效。换句话说，我们不尝试定义可实现

的"最好"和"最差"的标准（比如在做得最好或最差的国家寻求标准或者采用更加标准化的方式）。要得出中间结果，"线性插值法"（被法国 BIP 40 的创始人重新采用）很方便，但是它有三个方面的缺陷：首先，如果某一变量在所有时期的表现都很糟糕（比如失业率一直在 10% 到 15% 之间波动），这一糟糕的业绩（10% 的失业率）也会得 100 分。但只要这些指数仅仅被用来服务时间变量，这样的缺陷并不真的存在。第二，如果之后要重新计算更长期的指数（比如用 1970—2000 代替 1970—1990 这个阶段），一些变量 0 到 100 之间的分配"基数"很可能会发生变化。不过，这也不是十分严重的问题。即便是国民经济核算，也不得不定期"改变基数"，用新基数重新计算。真正严重的缺陷是第三点，而且呈现出两面性：①如果一个变量在这一阶段内变化十分微弱（假设三十年，预期寿命定期增加，从 65 岁增至 65 岁 1 个月），这一微小的增长就会使"预期寿命"的分数从 0 上升到 100，这和失业率从 12% 降到 5% 时的重要性有着同样的权重；②如果所有的变量上升（或下降）了 1%，这与上升（或下降）10% 或其他幅度得到的曲线是一样的。我们可以试着通过各种不同的技术来克服一部分困难，但这样的做法并非不合理，各种不同的而保留一些有缺陷的指标，但是为了建立社会进步的初步评价体系，这些指标要优于其他指标。

通过 ISS 中，如同联合国开发计划署或 BIP 40（见下文)制定的指标,如果我们希望了解"社会健康"进展及综合指标相关情况,就必须检查部分指数和它们的变体。指数只是对信息的概括,由于它只是一个步骤,需要经过一定的时间来分析问题和事实,因此它在科学辩论及公开讨论中更加有用。米林格夫夫妇(1999)的很大程度上并不是在研究社会健康的综合指数,而是分析相关指标。总之,对于这一综合指标,就像对其他指标一样,最引人注目、"媒体报道最多"(尤其是与GDP相对抗)的成果一定受到最多批评。它们仍然非常有利于吸引人们关注一些由于缺少解决问题的尝试而可能从未"上过头条"的问题,而这些问题和经济健康及股市行情一样重要(或者更重要)。

对图解的详细说明

ISS为我们提供了首次思考这类争论的机会,这种争论往往通过国民核算(GDP、消费……)的传统经济指标和使发展更好地贴近"社会健康"、福利或生活质量的综合指标来阐释。的确,对于不太了解这种变化的人,这种直观印象可能具有煽动性。这些图表尤其给人一种幻觉,一旦经济增长和社会健康增长可以"正常地"保持一致时——必须是取得足够广泛共识的正常状态——两条几何曲线必须变成平行的。如果第一条曲线上升而第二条曲线停滞不前或者下降，这显然将是不妙的征兆。但是社会健康发展比经济增长（或者比人均 GDP 或者人均消费增长）更缓慢，很难对这样的情况进行说明。

原因十分简单。一方面，在经济学家看来，经济在高增长率的数百年期间能够继续发展——（即使有人对此也表示怀疑）。另一方面，ISS 中几乎所有的社会指标受到了其本身的"限制"：我们不能把失业率、自杀率、贫困率降在 0 以下，也不能把衡量收入不平等的"基尼系数"（0 表示收入完全平等分配）降到 0 以下。在这种条件下，长远来看社会进步必然会遇到一条"水平渐近线"，而经济增长至少在可预见的未来不会出现这种情况。福德姆研究所的研究员们想要通过之前提到的方法扭转这种局面，也就是对每一分析阶段进行标注（0 到 100 之间），当绝对差距减少时，可以重新引入相对差距，但是这种方法有很多局限性，也无法真正解决问题。不论是现在还是将来，对各种长期发展综合曲线的精准解读分别代表着对"无限的"经济绩效的评价，社会绩效规定在 0 到 100 之间。通过图 4.1，读者必须要知道，即使美国在这一阶段所有的社会绩效都增长极快，ISH 曲线也只是从下方贴近 100，与 GDP 曲线相比，很可能有各种形式的"脱节"。

这一警告会将其逼入死胡同吗？不一定。

首先，社会指标如同传统经济指标，都是历史的产物，在某些

 财富新指标

时期、某些社会进步视角下,其有效性会受到限制。在目前条件下,像 ISH 这样的指标在长期遇到"渐近线"并不重要,因为,我们离渐近线还很远,问题还没有真正出现,这种情况很有可能持续下去。这一指标不是永恒的,其他指标同样也不是。只需要在社会共识的基础上对分析和行动阶段进行合理评价即可。社会指标"渐进停滞"的问题仅仅反映出包括 GDP 在内的历史概念的"渐进"零相关性。

我们可以再补充一条更富争议但更易于接受的论据。也许不管怎样,在某些国家,经济增长真的能够持续多年,我们经常关注的社会指标没有任何机会与其竞争,从统计学的角度看,似乎不利于这些社会指标。但研究证实,尽管持久的分配不平等使得所有人的收益不均,但生活水平或某种其他量化指标超过一定限度后,经济增长(通过确定"数量")在福利和人类发展上的收益递减。有人甚至认为,超过某些界限,经济发展可能会造成生活质量或者"站得住脚"的福利走向衰落。因此,虽然大部分"社会经济"综合指数的目标是让发展更好地促进福利和人类发展(或者类似概念),我们可能也不会让经济"总"绩效(生产或消费增长)出现在其中,但是可以引入经过调整的福利贡献因子。换句话说,惯用的社会指标在本质上似乎是"有限的"(根据定义,该成分也是定量的),因此在统计竞争中处于不利地位,当人们习惯于将"经济"曲线和"社会"曲线并列时,经济"总"增长得到了不合理的支持。

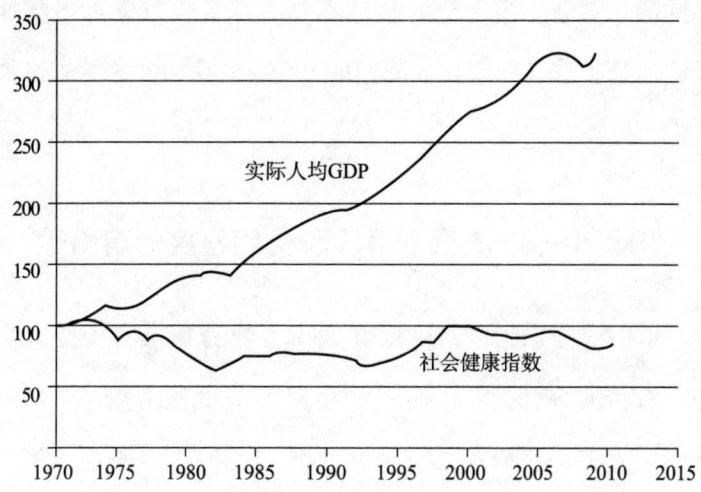

图 4.1　ISS 及人均 GDP 变化（美国）（1970—2011）

将 ISS 引入法国，它将和 BIP 40 以及法国大区 ISS 同时问世（见下文），我们还要补充最后一点。显然，ISS 至少有一部分是适用于某个具体国家的（Brink 和 Zeesman 称为 country specific）。公认的"社会病态"取决于制度和文化背景。"社会重大问题"在不同国家被分为不同等级。诚然，表 4.2 中 16 个变量中的每一个在法国都可能是有意义的，并且已经经历过几次应用的尝试（城市总体规划大巴黎地区规划院（IAURIF）、大巴黎贫困和社会排斥实况调查（MIPES）），但是在法国，关于最重要变量的辩论（自从必须集中于在合理数量的标准上）会得出部分类似部分不同的一览表。由于此处目标不是对综合指数进行国际比较，而是跟踪空间变化，法国的 ISS 需要在相关变量的选择上进行匹配。

BIP 40——法国不平等和贫困程度的晴雨表

同时，考虑到经济健康和股市健康有权享有一些大众传媒宣传的综合指数，而"社会健康"份额缩减，法国经济学家和专业统计师加入到一个致力于减少未来不平等的积极分子联合网站——RAI（不平等预警网络），于 2002 年向媒体介绍了一个新的综合指标——BIP 40。该指标的名称参考了 GDP 和 CAC 40，颇有讽刺意味。

该指标旨在覆盖不平等和贫困的多个维度，为每一维度创建一个指标（其本身也是几个变量的综合），这样便可以跟踪相关不平等的空间变化，最终按维度添加（或者"归并"）这些变量，以便得到一个综合指标（BIP 40）。其归并方法类似于 ISS。

我们从所采纳的维度以及它们的内容说起。总共有 6 个维度：

（1）职业和工作：这一维度的 24 个相关指标被分为四个板块：失业（8 项指标，包括总失业率，男性/女性面临失业所遭受的不平等，长期失业者比例……）、工作的不稳定性（5项指标）、工作条件（8项指标）以及职业关系（3项指标）；

（2）收入：该维度包含15项指标，分为4个板块：工资（不平等、低工资比重等5项指标）、贫困（4项指标）、不平等和征税（3项指标）、消费（3项指标）；

（3）健康：共5项指标，与联合国开发计划署在人类发展年度报告中使用的指标类似（预期寿命、高管和工人预期寿命差异……）

（4）教育：5项指标，包括毕业时未获得文凭的年轻人比例以及对学习成绩不均衡的衡量；

（5）住房：5项指标，包括在建的"公营"（或者补贴）住房比例；

（6）司法：4项指标，包括监狱犯人占总人口的比例。

图4.2表示1980—2005年全球指数的变化。1983年开始，BIP 40快速上升，1980—1993年末没有上升，之后一直上升至1998年。1998到2001年，情况有所改善：贫困和不平等减弱，但是2002年开始再次变得严重，并很可能会持续至2005年。根据这一指数，法国2005年的不平等问题显然比20世纪80年代严重。没有在此处呈现出来的6项指标的所有数据表明，"职业和工作"这一维度情况恶化尤

为严重,收入、健康及教育的综合指数十分稳定,住房和司法方面的不平等变严重了。在这种情况下,深入有必要分析5个维度的各个变量。比如,之所以直到2002年健康综合指标都没有明显的恶化,是因为影响到这一指标的预期寿命的稳定发展掩盖了另一个变量的恶化,该变量的变化说明发生了惊人的社会退步:领导和工人之间预期寿命的差距在1982年"仅"为4.8年,而2003年达到了8年!

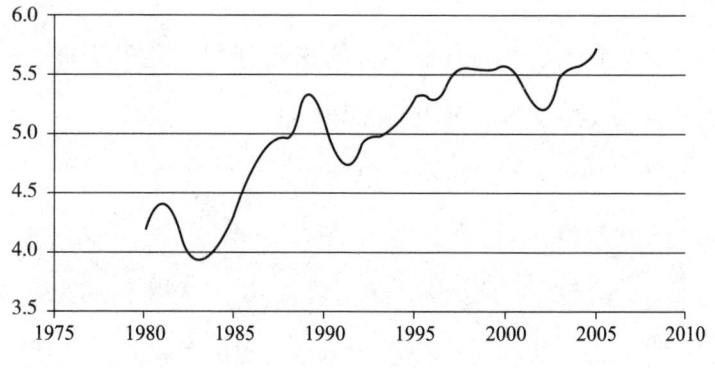

图4.2　BIP 40(1980—2005年)

自2009年起,创建BIP 40的志愿者网络不再使用这一指标,但是它在北部—加来海峡大区得以应用,该大区致力于按地区编制这一不平等指标,部分内容更新至2007年。

奥斯伯格和夏普经济福利指数

拉尔斯·奥斯伯格（Lars Osberg）在加拿大关于"经济福利"的研究可追溯至 20 世纪 80 年代中期，但直到 1998 年，他才和安德鲁·夏普（Andrew Sharpe）合作，共同编制了加拿大经济生活质量指数；1999 年，又编制了美国经济生活质量指数（包括与加拿大的比较）；2000 年，两人在同一图表里介绍了经合组织 6 个国家的国际统计数据及其图中的相应位置，确定各国 GDP 和综合指数的增长值。该研究的方法论得到了特别的关注。

这一指数的第一个创新之处在于它将归并及合成两大方法结合起来，即异构变量的加权平均和某些变量的货币化。不管怎样，由于经济和社会维度的主导地位，我们将在本章介绍这一指数。在被多次引用一段时期以后，目前，这一指标受到的生态问题的影响减弱了许多。

这一指数的第二个创新之处在于，作为经济福利四大维度之一，通过极具动力的分指标，它也包括了经济安全（或者社会保障）等级。

这一指数反映了一种福利愿景，我们可以把它与减少不平等和经济社会风险的福利国家的社会—民主思想联系起来,在这两方面进行前瞻性投资(一种社会凯恩斯主义)。

可持续福利的表现和相关方法

在奥斯伯格和夏普看来,构成理想经济福利指标的四个维度为:

——日常消费量:商品资产和服务消费、实际国内生产总值、娱乐及其他非商品资产和服务;

——生产资料库存净积累:有形资产、住房存量和耐用消费品积累净值;人力资本、社会资本和研发投资积累净值;自然资源储量价值变化净值;环境成本及外债变动净额;

——收入分配、贫困和不平等:贫困等级(影响和重要性)及收入不平等;

——经济安全或不安全等级:抵御失业、疾病、家庭破裂及老年人贫困的经济安全。

由于确定相关变量的最佳名单是依据足够可靠的数据进行务实的探讨的,因此,这四大维度是创建指标的基础。表4.3选取了指标中保留的变量,根据四大指标重新四个指标占有相同的比重(25%)。但这一权数被认为应该向舆论和政治辩论开放,这也是"发现集体偏好"唯一合法化程序。在每一维度内部,所有的变量(所有维度共计有15个变量)通过两种不同的方法处理。对于前两个经济性质的维度,采取货币化的方法,这种处理导致的问题我们将在第六章提及。后两个社会维度,采用加权平均数的方法。

表4.3 经济福利指数(IBEE)的维度、变量及方法

维度、变量及方法说明	加拿大 2013 的数据(发表于 2015 年)
调整后的人均消费	**53491**
A. 人均商品消费*	27056
B. 调整后的家庭消费指数	25134
C. 偿还债务之外的人均政府支出	11138
D. 减去:"令人遗憾的支出"(人均支出),包括家庭–工作交通成本、犯罪成本、交通事故成本及家庭污染成本	3991
E. 不计报酬的家务劳动和志愿服务。以家庭成员收入为基础评估	16812
F. 预期寿命指数(1 = 1981)	1.09
G. 调整后的出生时预期寿命发展指数消费(调整后的消费 + 公共支出 + 不太遗憾的无报酬工作,就是调整后的预期寿命指数总量)	53491
人均财富储备	**263754**
人均有形资本净储备(货币价值),包括住宅及非住宅储备	108226
人均科研储备(以 2007 年美元的货币价值)	2585

续表

维度、变量及方法说明	加拿大 2013 的数据（发表于 2015 年）
人均自然资源遗产（货币价值）。出于可用性的原因，主要包括主要矿产、森林和能源总储备的估计价值	19943
人力资本储备（由总人口教育水平估计得出的总人口教育成本）	140350
减去：人均外债	6656
减去：每吨温室气体花费 24.40 美元（以 1990 年的美元价值）为代价的温室气体排放污染成本	694
共计	263754
平等	0.53325
税后收入基尼指数	0.243
贫困程度指数	0.63
平等指数：25%（基尼）+75%（贫困程度）	0.53325
经济安全	0.439
失业风险	0.62
失业风险权数	29.95%
与疾病相关的经济风险	0.375
疾病风险权数	43.68%
单亲家庭贫困风险	0.64
单亲家庭风险权数	14.03%
老年人贫困风险	0.669
老年人贫困风险权数	12.34%
经济福利指数	**0.555**

* 事实上，消费单位是以家庭消费量来统计的。

资料来源：www.csls/ca/iwb/pro.asp.

经济福利指数中的经济安全措施

IBEE 的第四个维度一定是最具独创性的。经济不安全被定义为"因无力保证免于潜在的经济损失所带来（……）的担忧"。

政策制定者放弃了构想经济不安全全面措施的做法，而是确定了四个关键经济风险，采取了"风险"的方法，这也是参考了联合国世界人权宣言："人人有权享受为维持他本人和家属的健康和福利所需的生活水准，包括食物、衣着、住房、医疗和必要的社会服务；在遭到失业、疾病、残疾、丧偶、衰老或在其他可控情况下丧失谋生能力时，有权享受保障。"

在此基础上，IBEE 提供了与失业、疾病、寡居（或者单身母亲）以及衰老相关的"客观"经济风险的度量值。在每一种情况中，相关事件的经济损失风险被称为"条件概率"，其本身可被描述为特定若干种情况下产生的后果。每种风险的可能性是通过相关人数所占比例来进行计算的。

以加拿大为例

图 4.3 为加拿大 1981—2013 年的情况。我们可以看到经济福利总指数偏低，而物质消费和财富储备却在上升，

反映了不平等及经济不安全程度。

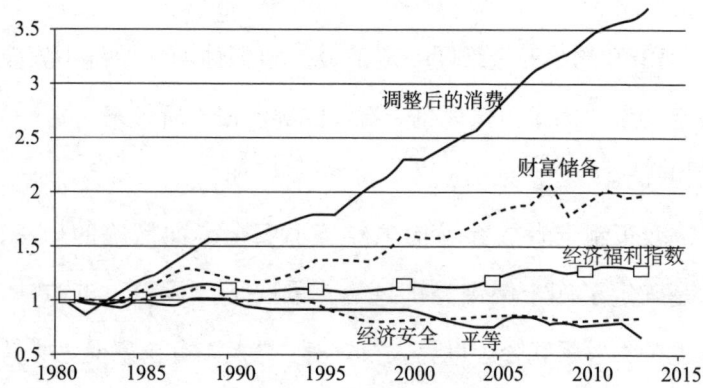

4.3 加拿大：经济福利指数及其组成部分（1981—2013）（1981＝1）
资料来源：www.csls/ca/iwb/pro.asp.

土地指标

要解释土地指标（主要是在发达国家）或者始于20世纪90年代的社区指标"运动"的持续爆发（参见社区指标联盟（CIC）的网站：www.communityind-icators.net/），也须要展开相应的指标研究。多数情况下，它并不是综合指标，而是资产负债表，即收集了一定数量的变量的国家仪表盘①，和本书中所统计的更为全面的提议几乎相同，但经济问题、社会问题及环境问题所占的比重各不相同。其重要性也很相似（承认社会进步、环境质量等更加重要），但常常会涉及民主质量或地方治理问题。备受争议的"21世纪议程"（《21世纪议程》是1992年在巴西里约热内卢召开的联合国环境与发展大会通过的可持续发展战略）在这场运动中发挥了作用。

表4.4 法国区域ISS维度及变量

维度	子维度	变量	代理变量
收入	消费	超负债率	
	不平等和贫困	ISF率	可征税家庭的平均数额
	贫困	17岁以下的贫困率（以货币计算）	
	工资	D9/D1报告	
工作和职业	失业	失业率	男性和女性失业率差距
	工作条件	工伤事故发生频率	职业病率
	不稳定性	不稳定工作比例	兼职工作比例
	职业关系	劳务冲突比例	

---

① 2008年由法国时任总统萨科齐设立的经济绩效与社会进步评估委员会（又称作斯蒂格利茨委员会）从国家治理局面提出的测量幸福的思路。国家仪表盘是将汽车做比喻，将汽车的测量仪比做GDP，为了保证国民经济这辆汽车能够安全地行驶，就必须世装上一个兼顾个人满意度与公共政策满意度、主观调查数据与客观数据分析，帮助政府作出更适宜的公共决策的综合的仪表盘。——编者注

续表

维度	子维度	变量	代理变量
教育		无学历劳动人口率	参加高考比率
健康		出生时预期寿命	
住房		勒令迁出求助比例	
个人安全		100000 个居民中对人身财产的非法行为或罪行	
社会关系		至少加入一个协会比率	
人际关系		至少一周一次探望朋友及邻居的人数比率	

资料来源：Jany-Catrice 和 Zotti（2009）

表4.5 基于人均GDP和17个变量的社会健康指数的法国大区排名（2008年的数据）

	人均GDP（2008年欧元）	GDP排名	2008年ISS	ISS排名
法兰西岛	47696	1	48.2	17
罗讷-阿尔卑斯	30513	2	61.8	7
普罗旺斯-阿尔卑斯-蓝色海岸	28500	3	43.9	19
阿尔萨斯	28285	4	65.6	5
香槟-阿登	27917	5	51.1	16
上诺曼底	27584	6	46.6	18
卢瓦尔	27357	7	66.3	3
布列塔尼	26530	8	67.6	2
勃艮第	26459	9	57.7	13
中部	26449	10	59.1	11

续表

	人均 GDP (2008 年欧元)	GDP 排名	2008 年 ISS	ISS 排名
弗朗什-孔泰	24908	11	60.5	9
下诺曼底	24536	12	58.0	12
洛林	24497	13	53.7	15
皮卡第	23872	14	38.4	21
阿基坦	27322	15	60.9	8
南部-比利牛斯	27254	16	62.1	6
奥弗涅	25260	17	65.9	4
普瓦图-夏朗德	25010	18	59.5	10
北部-加莱海峡	24683	19	33.3	22
利穆赞	24296	20	71.3	1
科西嘉岛	23803	21	54.8	14
朗克多克-鲁西永	23741	22	42.5	20
法国大都市	30700		53.8	

资料来源：Jany-Catrice & Marlier, 2013

在某些情况下，借助一个或几个综合指标则成为使用这些与数据相关的政治策略或传播策略的一部分。因此，为了使该计划具有意义并使数据得以存在，在足够广阔的领土上（比如，法国的一个大区、美国的一个州或者加拿大的一个省），我们发现他们已经就 IDH、ISS、IPV（参见缩略词一览表）等指标或生态足迹进行了足够大胆的辩论。

那些大城市也是这场运动的利益攸关方。此外，一些领土和/或城市组织成各种网络以互相交流各自的经验（参见欧洲网 REVES"社会责任领土"、欧洲可持续城市网、加拿大的奥尔堡宪章——以环境问题为重点——于1994年拟定,越来越多的欧洲城市签署了这一宪章)。这些指标在这些战略中的地位总是在不停地变化,但始终存在。

地区社会健康指数

北部加莱海峡大区加入到财富新指标的计划中,制定了一项有趣的指标,相对而言,这一指标易于操作(因为变量数量有限)、便于推广(可在地区之间进行比较)。

考虑到社会融合健康状况、社会资本以及参与地区经济社会计划的个人和集体的能力,地区社会健康条件在社会健康广泛的概念中已经得到确定。ISS 划分为 6 个维度(收入、工作、健康、教育、住房、安全、人际关系和社会关系)包括了 17 个变量。

表4.5 表明,如果参照2008年的ISS,在经济财富排名靠前的大区显然在社会健康方面的表现更差。比如,法兰西岛从第1降至第17,普罗旺斯—阿尔卑斯—蓝色海岸从第3降至第19……利穆赞和奥弗涅恰恰相反,布列塔尼和弗朗什—孔泰社会健康表现较好之中。利穆赞长期保持良好的社会状况,2004年也是如此,而它在经济财富方面仅排名第20。北部—加莱海峡、皮卡第、朗克多克—鲁西永

和科西嘉岛经济和社会都排在最后。

通常，社会健康水平和经济财富水平之间的毫无关联是不难证明的。

结　论

当然，我们应该审慎而特殊地看待这些创举，要明白这些指标不属于任何量化方式，与我们对待其其创举一样。

在这里，我们仅仅推荐一个规范的"政治方法"：借助于那些建立在当地政治行动质量基础上的本地指标，这样做可能十分有用。为了回答"什么创造了地域财富"这一基本问题，最重要的是，这个地域的所有成员共同创建和选择了措辞、数值、目标、标准、评估模式及评价模式，甚至还一起创建了指标。另一个决定性条件是，借助于这些倡导者的集体来逐渐获得这些指标在其所在地域的充分合法性。然而，合法化通过信念、"利益网络"、联盟、妥协来聪明地应用价值冲突。从 2008 到 2015 年，这种地域创新以这样的方式增多起来，法国并未参与这场运动。由 FAIR 网（2011）成员发表在《替代性经济》（Alternatives économiques）特别期刊上的"另一种财富"，联盟了这一领土扩张过程和与之相伴的民主实验。

第五章 GDP 的初步延伸

本章和下章构建指标的总体思路为：通过引入各种变量，对国民经济核算进行"修正"或"扩充"。目前这些变量还未被归入"经济财富"量的计算当中（从 GDP 意义上讲）。可能会有许多相关变量，它们的加入往往取决于从福利的贡献角度所定义的财富概念。这些变量可以是没有纳入 GDP 里但对福利有贡献的活动（比如志愿活动或家务劳动），可以是纳入 GDP 里但没有对福利做出贡献的变量，也可以是各种遗产（主要是自然方面），这些遗产的改善或者恶化会影响福利。

近些年也有过一些尝试，如诺德豪斯和托宾（1973）的工作、20 世纪 70 年代国民经济核算专家辩论产生的其他各种贡献。但是我们也应该向法国 20 世纪 50 年代末伯纳德·德·茹弗内尔（Bertrand de Jouvenel）在其著作《阿卡迪亚州：物质生活条件改善的尝试》（1968、2002）中的开创性想法致敬。

我们至少可以说，就扩展 GDP 的范围这一做法并未形成共识。这些提议引发了一场彻底的有关赋予自然或生态退化货币价值的讨论，本章以及下章都会谈到这些问题。

关于扩展 GDP 范围的争论

尽管 GDP 的命名具有科学性和象征性，一些难能可贵的尝试仍使用了国民经济核算框架以扩充经济财富（生产层面）或者经济福利（消费层面）的衡量。国民经济核算总是质疑这些从根本上改变国内生产总值概念的工作："这些计划和研究——在我们看来，这是不可能取得成功的——让我们看到，GDP 是一个对某些观念多么敏感的指标"（Piriou, 2004）。支持"合理"现状的论据中中非常有说服力的一个观点是，福利因素可能是无限的。如果必须考虑家庭生产、志愿活动或者自然资产，我们就不知道（重新）定义了的财富（自由时间、良好睡眠好、性生活……）的界限应该扩展到哪里。我们不能把幸福也算入国家账户！

事实上，没有人要求对幸福做详尽的计算。恰恰相反，从另一视角春诗财富的辩护人——其中也包括我们——断言，其他账户不愿把所有权利都计入其中，并保留不将一部分进行评价建立在某些指标之上的权利。历史告诉我们（Gadrey, 2003），由于辩论的影响，国民经济核算的成规

决定了账户经过一定的发展后应拥有与之相称的财富值。因此,除了目前已被计入核算的商品和货币财富以外,没有任何理由去发展更为广泛的其他的新财富概念。可是应该推进货币一体化吗?这是本章及下章所提到的研究者所探索的道路,但是也引发了强烈的反对意见。

我们认为,应该保留目前的市场(或者准市场)化GDP,定期进行内部调整和修正,如包括对福利没有任何贡献或损害的初级经济流量①的"初步"衡量。在一些分析中,我们需要它们,其中包括针对就业、增值分配等问题的分析。但是我们也认为拥有一或几个具有其他目标的非货币综合指标也是相当有意义的。

通常来讲,扩展或丰富GDP的原则是把对福利有积极或消极影响的非货币化贡献进行货币化。

货币化问题

将一个综合指标的部分变量"货币化"是什么意思呢?举个例子。假设我们承认志愿活动对国家财富来讲是"＋"(财富的扩展含义,或多或少等于"福利"的词义),失业是"－",就像

---

① 经济流量,即flux économique,是反映一段时期内各种经济活动发生规模的总量。——编者注

是对原始森林的破坏一样。我们也可以通过在同一年内添加志愿活动货币价值评估，减掉失业的"社会成本"和相关森林价值损失，尝试"修正"某一年的生产和国内消费的传统测量值（用货币价值表示，如以十亿欧元为单位）。这是大部分经济学家的自然反应。

我们也并不会欣喜若狂地觉得，当人们为社会财富及社会进步的宽泛经济视角做出辩护时，为了让自己的观点能被接受，必须强调所有非经济变量的经济评价。在这些术语中，也存在着同样的自我矛盾，这意味着经济以最好的评价而获得最终胜利，也是促进正义、社会联系及环境联系行为的唯一可信理由。慈善活动就是捐献和社会捐赠，不管我们是否喜欢，都要参考市场，让市场经济价值以外的其他价值得到承认，这是多么难以想象啊！

不论怎样，支持非货币性资产的货币化方法的人并不缺少论据。证据如下：货币和货币化工具不是要成为"淹没在利害计较的冰水里"（马克思名言）之类的经济价值工具。很久以前，有益于社会公正或环境发展的有效行动以论据、经济工具和货币工具为依据，比如，对那些在污染社会或污染环境方面"有所收敛的利己主义者"加以利用，或者鼓励他们减少破坏性的行为。

此外，这些方法的高科技有利于专家将其进行没收处理。但是对于大部分参与者来讲，他们缺乏判断工具，无法有所依据地提出自己的喜好，那些主要风险就可能变得晦暗不明。

可修改的观念：家务劳动

如今，财富的国内生产（"自身消费及自我配备"）被视为生产总量并计入 GDP 中，全世界的国民经济核算对于这一事实几乎不再有任何争议。然而，在安德鲁·瓦诺利（André Vanoli）在其著作的两个专题中解释了几个论据后，SCN 93（法国国民经济核算体系）反而将家务活动排除在外。对于国民经济核算来讲，男主人种菜或建车库，女主人做家务、做饭、照顾孩子或者父母，向读者解释只有前者对国家财富做了贡献绝非易事。人们可能会怀疑这只是技术层面的说法，其背后掩盖了更深层次的观念，尤其是男性（生产性的）和女性（非生产性的）角色分工公约。

20 世纪 70 年代，女权主义者开始谴责这种做法。我们特别联想到了克莉丝汀娜·德尔菲（Christine Delphy）和她使用韭葱的隐喻："如果人们认为种了韭葱、施了肥、做了一切该做的，就是生产活动，既然人们将它算在国内生产评估中，我们当然这么认为；那么，去市场买韭葱、剥皮、放入盘中、用酸醋沙司调味等等，这一切同样是生产性的"（Delphy, 1998、2001）（克莉丝汀娜·德尔菲关于 20 世纪 70 年代问题的初步思考）。在探讨这些论据之前，我们应该重新探讨一下国民经济核算在 SCN 93 原则中的地位。有两类论据都被调动起来。前者属于理论范畴，涉及这些活动潜在的互换性问题（见专题）。可以说，它们经受住重大的考验。后者属于实际困难或政治因素，在我们看来，它们更容易被克服。

> **关于"计算方式"和"真正重要的东西"的新观念**
>
> 一个往往包括旧观念的替代性财富公约得到认可，必须要满足几个条件，依据公约成立的联盟力量或者利益网络也依赖和围绕着这些条件而形成的。这些公约之一关系到——因为这里指的是应该以统计程序形式表现出来的公约——这些定义和成果的技术可行性以及不确定性的降低。本章及下章介绍的指标中，我们使用市场上不能直接观察到的变量货币化方法或者生成成本货币化方法，最关键的是获取衡量（按照惯例）某些服务或者某些遗产和社会状态变化（改善或恶化）的数值。毋庸置疑，这要比行政机构生产（通过生产成本总额估算）或假定租金（我们把租金算入房东的家庭消费——这是一种假设的方法——来估算通过房东住房产生的服务价值）更为棘手，不仅仅是因为技术上来讲十分棘手，还是因为"不确定限度"针对等价物定义中的"价值体系"（什么才是真正重要的？）比如，是否应该在由此导致的修补成本（以及）、预防成本（或者实施没有产生损害的替代办法的

 财富新指标

> 成本)以及为了躲避集体财产损失(环境外部因素的传统问题:参见第二章框内文字),消费者支付癖好的"偶然事件"评估成本的基础上,用货币评估这些"损失"或者"经济增长损失"?
>
> 自20世纪70年代初托宾开始,一直到斯蒂格利茨委员会(第七章),经济学家争辩了四十多年,我们至少可以说,任何公约都没有看到希望……

支持将家政服务排除在国内生产总值之外的论据有三点:①很难得到家政服务的可靠年度数据;②此类服务很难产生货币增值(难以"入账");③"对于分析以及日常经济政策来讲",纳入家政服务会降低GDP的实用性。

> **资产和自主服务的潜在可互换性**
>
> 把资产的国内生产量计入GDP中是一条公认的(SCN 93, §6.24),因为财产比家务劳动可能更具有可互换性。"可互换"是指"在市场上可以互相交换"。尽管瓦诺利也承认,理论上讲,"将这些劳动包含在生产和消费的广义概念中不会引起原则性问题,但是会产生严重的度量问题",但他还是重新接受了这个更具争议的观点。

> 然而，家务劳动很久以来就是商品交换的对象，比如照顾老人和孩子。半个世纪以来，妇女劳动增长的一个原因就是"女性"家务劳动所具有的"潜在的可互换性"。这种对待家务劳动的方式表明，严密性、融合性及理论对于会计师所作选择的影响远远不及社会秩序的主要表现形式。在家务劳动范围内，以财富的性别表现及非生产性劳动的陈旧理论为基础，两个世纪以来，这一理论在经济思想中占主导地位，而最终被上述的"确切"范围所摒弃，我们就不难理解这种选择所造成的后果。

上述观点需认真对待，但是我们也可以介绍一些严肃的反对意见，这些意见让我们更加坚定地认为，在这一论据的背后，我们确实发现了一条此类公约。第一个论据仅仅表明，抛开必要的年度数据所做出的判断是毫无用处的。第二个论据表明我们没有投入必要的精力来制定支付公约，而相比金融服务或保险服务的情况，对支付方式进行约束并不是那么棘手！至于第三个论据是指"流量经济政策"，它仅仅关注上述的"有组织的社会活动"，事实上，它指的是那些与货币流量和薪金流量相关的活动，就好比家务劳动产出不属于财产那些有组织的社会生产形式一样，其重要性依赖于家庭政策、税收政策、男性和女性之间职业平等政策，等等。

> **产品服务交换的协议**
>
> 我们可以通过类似的方法来分析把色情服务业计入欧洲 GDP 时的困境。色情服务业,如同非法的毒品生产以及黑手党活动一样,被长期排除在计算之外以后,可能要被纳入 GDP 中了。1995年以来,欧洲账户体系就已提出这项建议,认为合法和非法的界限与国家法规紧密相连——国家法规又对 GDP 产生了直接影响。欧洲统计局也认为,一旦缔约双方同意交换,该活动就该被计入 GDP 中,不用考虑其合法程度,甚至不用考虑其道德程度。这是非常具有争议的话题……

不管引用什么样的论据,都是因为这些活动在政治和社会层面的价值得不到认同(尤其是因为传统上这些活动都是由女性从事的),财富核算没有看重它们的货币价值,而国内产品生产的非市场活动、自给性消费活动以及自我服务性消费活动也处于同样的处境。

我们不希望把这些活动纳入市场 GDP 或者说目前的市场 GDP 中,不是因为不可能实现,而是因为尽管目前的 GDP 的缺点被小心翼翼掩盖了起来,但分析与市场及货币体系有关的某些问题时,它还是十分实用的。我们更倾向于其他有利于同样观点的非货币指标。

诺德豪斯和托宾提出的"经济福利"的措施

诺德豪斯和托宾区分并计算了"修正的最终消费"指数（命名为 MBE，经济福利标准，英语为 MEW，Measure of Economic Welfare）。首先，通过对"当前经济福利"有积极或消极作用的家庭消费进行增加或扣除，就得到了"当前的 MBE"。然后，就得出了体现经济、自然、人类（但不是"社会"：不平等、经济不安全等不计入其中）经济财富存量的货币价值变量的 MBED（可持续经济福利标准）。

当前经济福利衡量

公式如下：当前经济福利＝最终消费费用（国民经济核算）

减去：①交通、银行及司法服务的私人支出（令人遗憾的部分）；②健康和教育的私人支出（作为投资算在 MBED 中）；③资产的购买（由家庭资产存量提供的估值所代替）；④城市居住成本的补贴（相对于农村住房而言）。

加上：①家庭资产存量提供的服务估值；②闲暇时间的估值；③家务劳动和志愿劳动的估值；④一（小）部分被认为对当前福利有贡献的公共开支（主要是邮政）；⑤公共资本存量为个人提供的服务估值。

可持续经济福利

可持续经济福利的衡量（我们没有深入分析）取决于公共财富和私人财富的存量（或遗产）变量估值，包括四个组成部分：①"可再生的"净生产资本（设备、基础设施，等等）；

②不可再生资本，限于土地和国外净资产；③教育资本，劳动人口受教育年限和平均成本估值；④健康资本，受每年20%折旧系数影响的健康公共和私人支出累计值。

让我们根据20世纪70年代以来围绕这些工作的辩论中的主要反对意见，从"实际MBE"定义中出现的增删项开始，重新谈谈其中的几个要素。

诺德豪斯和托宾扣除了全部或部分集体消费（公共支出），因为集体消费不一定对目前的福利有用，以下是三个论据：一部分公共支出应该被当作投资（并依此重新分类）而非消费，包括教育和公共健康服务，以及个人直接消费的某些服务（交通和住房）。另一部分公共支出应该被减去。这就涉及"令人遗憾的"部分，这一概念引入时范围十分有限，随后便广泛运用，并且得到扩充。它表示出于安全、特权或者外交原因而进行的最终支出，"在我们看来，不会直接增加家庭经济福利。"最沉重的部分是国防支出。正是其他国民经济核算反对这一支出，我们才能够认为国家国防支出提供了和平和安全的直接满意度。这是很典型的财富和福利观念的冲突。

同样，最终产品中减掉了一些被认为是中间产品的公共产品支出和服务支出。比如，行政机构或者国家对企业直接提供的服务，或者维持健全的社会环境的开支。

家庭消费也因为排除了没有福利贡献的部分而被降低了。从个人消费中减掉了一部分出于职业原因的个人支出（比如通勤费用通费），全部或部分医疗和教育支出（被看作是投资）以及所有可以被视为投资的支出（房地产或其他）。

按照上述原则，城市居民收入差异（相对于农村居民而言）应被用来抵消城市地区工作的不便，诺德豪斯和托宾同样也减去了与城市化和交通堵塞相关的外部消极影响。他们并不是首开先河者。自 1949 年，库兹涅茨（Kuznets）就对"因城市文明而增加的成本"感兴趣："在与结果的较量中，理论上的缺陷促使研究者开始了扩大国民经济核算范围，把目前为被忽略的但很重要的成本考虑进去，比如作为投资的教育、向城市生活的过渡、大规模生产造成的污染，或者其他负面影响。这些努力同样允许考虑截至目前没有被衡引入的积极影响——如更健康、更长寿、更灵活、更快乐、收入更平等，等等。"（Lindbeck, 1992）

其他国民经济核算反对引入城市化算而排斥农村生活，后者在 GDP 评估中还不如诺德豪斯和托宾提出的消极城市外部影响更受关注。我们又进入了直接针对社会生活质量标准的辩论中。

诺德豪斯和托宾的开创性工作

依据瓦尔拉斯（Walras）提出的经济概念，按照账户"客观性"原则，国民经济核算体系不考虑任何道德问题。因此，在国际体系（SCN 2008 和 SEC 2010）的最新版本中，原则上不排除非法活动的经济贡献（参见专题内容）。

事实上，这一原则自无法落实（盖德，2003），诺德豪斯和托宾也曾试图对这一原则进行重新讨论。在1973年发表的著名文章"增长已经过时了吗"（Is Growth Obsolete?）中，他们删掉了在他们看来自己认为没有对"经济福利"做出贡献的要素，在英文表述为"regret tables"并提出了相关的标准价值判断甚至道德评价。我们会在专题中介绍这一开创的基本原则。

在此基础之上的国家福利衡量与出自常规账户的家庭消费完全不同，尤其是因为闲暇（货币化的）和非市场活动所占比重超过了合理的范围。相反，令人更为震惊的是，环境因素所占比重很低，经济增长和福利指数在1929—1965年期间联系紧密，因此，设计者们认为，不管怎样，经济增长并不是那么糟糕的福利指标。最近，基于类似的方法论，对近期的工作评定方式提出了强烈的质疑（见下章）。

第六章　环境 GDP 和生态足迹

本章专门探讨一些环境指标，它们作为 GDP 的替代指标出现，如同国民经济核算一样，拥有单一的核算单位，且往往为货币单位：当把环境质量或某些社会质量收益或损失相关的货币估值计入国民经济核算总额时，我们便得到环境 GDP 或"绿色"GDP。本章介绍的生态足迹指标是这些货币化方法的一个有趣的"抗辩"。

国民经济核算专家为了是否把环境计算进去而继续争辩。本书没有讨论这些争论的细节，感兴趣的读者可以在瓦诺利的书中找到关于这些困难、困惑以及可能的解决办法的最为深入的综述，以及丰富的法国及国外资料。联合国公布的"综合经济环境核算"体系框架（2012）对于国际机构来讲是参考资料，也是有效数据的来源。此外，还有世界银行所做的关于调整后的净储蓄的工作，但它因不

够深入而备受争议，我们也同样会在后面提到这些内容。

绿色 GDP 和可持续经济福利指数（IBED）

本章介绍的大部分指标都是关于"绿色 GDP"、各种"可持续经济福利指数"（IBED，英语为 ISEW，Index of Sustainable Economic Welfare）以及真实进步指数（IPV，英语为 GPI，Genuine Progress Indicator）。这些指数被货币化，尽管具有非排他性，仍然让环境可持续性发挥了重要的作用。约翰·科布（John Cobb）和赫尔曼·戴利（Herman Daly）在他们重要的著作（1989）中首次提出了 IBED 的概念。克里福德·科布（Clifford Cobb）和约翰·科布1994 年的著作具有里程碑式的意义。自此，很多国家（加拿大、德国、英国、奥地利、荷兰、瑞典，但不包括法国）都做了这方面的探索。2005 年前后，这场运动与严重质疑"广泛货币化"僵局颇有渊源，但在 21 世纪初已明显放缓，转而讨论"强大的"可持续性。为了较好地了解 20 世纪 90 年代前半期的观点，我们可以参考斯德哥尔摩环境研究所 1996 年发表的杰克逊（Jackson）和斯蒂姆内（Stymne）的论文，该论文可在线查阅。

地球之友（Les Amis de la Terre）的可持续福利指数也

是一个很好的例子。自2001年起,该组织与新经济基金会以及萨塞克斯大学环境政策中心合作,推出了自己制定的英国IBED指数,提供可以让每个人通过给变量增值来"创建自己的IBED"的在线工具,然后将评价上传给创建人,以便让他们对这种来自"电子问卷"的变量进行计算。如同上文中列举的工作,尽管这种情况也存在着很多不确定性,但是这项工作的方法论还是相当可靠的。但是,地球之友后来摒弃了IBED以及用货币单位进行所有计算的理念。自2010年后,IBED不再定期更新,似乎已经被联合国环境规划署推出的另一个指标——IWI(见下文)所代替。

指数的主要变量及方法

(Jackson & Stymne,1996)

表6.1归纳了建立IBED指标要考虑的变量并且提供了方法指导,随后评论了其中几个方法。关于这些方法以及局限,杰克逊和斯蒂姆内具有超前的鲜明观点。关于这些方法的技术辩论,我们也可以参考C. Cobb和J. Cobb(1994),以及C. Cobb等(1995)。

在这些指标结构的许多不确定性中,我们发现,除了上文提及的那些根据防御性或非防御性对活动和支出所进行的分类之外,还有属于各种环境成本和损失货币估价的不确定性。主要涉及三

财富新指标

类：首先是土地（不管耕种与否）"可持续价值"损失，其次是不可再生自然资源（主要是化石能源）的减少，最后是主要与二氧化碳和臭氧层相关的长期环境损失。在所有情况中，由于"没有更好的方法"，都使用了十分粗略的公约和评估。

一个特别重要的例子是与石油、天然气等化石能源不可逆转的损失相关的成本估价。最常使用的方法就是对这种枯竭进行替代成本的货币估价。也就是说，估计如今代替"每一桶石油"的可再生能源价值（以不可再生能源为基础）。这种方法很有意思，代替成本随资源价格变动是正常的，因为以这种方式阻止"可持续经济福利的消减"，受到破坏的就是价格。但是如果我们承认化石资源以前的损失也减少了这种福利，我们就不能仅从今天开始算起，这样问题就变得复杂了。因此，必须规定一个较长的时期，选择某一贴现率，使计算过程"适应新的需要"，指数设计者们也正是这么做的。但是，由于我们无法预料技术进步，这是要制定的不确定性公约。正如我们将要看到的一样，这种"全部货币化"采纳了可持续性的"最低"标准，也许会有难以逾越的限制。

以上专题介绍了这种指标要考虑的变量以及将它们货币化所采用方法的主要内容。所有的指标都与可持续福利贡献相结合，所占比例各不相同，主要有以下几个方面：经济（生活水平）、社会（如不平等）、环境以及非货币化活动对个人福利的贡献（比如家务劳动的价值）。

防御性支出

创建这些指标遇到的问题之一就是"防御性"支出。必须把为"真实"财富作出积极贡献的账户（以及相对应的生产）排除在外，这些支出主要用于补偿我们增长模式和生活方式的"浪费"或"间接损失"，尽管实施起来有些棘手：但是理念十分简单（我们已经在第二章讨论"修复性"生产及服务产出时提到过）。在这些棘手的情况中，我们根据支出是否具有防御性来寻找相应的处理方式。比如，这些指标的支持者认为，与教育和健康相关的公共支出（还有家庭个人支出）有一半都是防御性的，但这一观点有待讨论。的确，一部分教育支出用于提高在劳务市场场中的相对地位，对能力和生产力设有促进作用，一部分健康支出用于与环境恶化相关的疾病，与由社会不平等、工作条件、经济活动及有缺陷的疾病预防政策引起的各种意外。一般来讲，这些工作倾向于认为大部分公共支出是防御性的，在我们看来，这个说法有很大问题。比如，法国1950—2010年医疗消费从3%增至9.2%，但很可能是因为预期寿命大大增加造成"成本上涨"（1954—2010年，预期寿命从 68 岁增至 82 岁），为了修复我们经济增长模式所带来的健康损失而导致公共卫生支出激增或者药品的过度消费和浪费（实际情况）。但是，应该把不良环境破坏性效果的一致性估价考虑进来：根据世界卫生组织（2004 年 6 月 19 日在杂志《柳叶刀》（Lancet）中提及），欧洲三分之一的儿童死亡都是由恶劣的环境质量造成的。

可持续经济福利指数的计算

可持续经济福利指数计算公式如下：

IBED = 家庭市场消费（计算基点或起点）+ 家务劳动服务 + 非防御性公共支出 − 防御性个人支出 − 环境损害费用 − 自然资产折旧 + 生产成本构成

不过，该公式刚刚进行了两项调整。一是关于收入不平等变化。反映不均衡变化的加权系数（基尼系数）适用于最终消费支出总额的计算。二是针对家庭可持续资产，旨在将资产的购买价值从所提供的服务价值中区别出来。

我们注意到之前的公式（表中已说明）没有提到普遍被认为（比如诺德豪斯和托宾）对福利有贡献的两个变量：一是娱乐时间，二是人力资本（或教育资本）。对此设计者们提出了各种理论或实践的证明。

由于这些指标被认为具有不确定性，就应该被禁止使用吗？围绕着这个问题的争论始终没有平息过。捍卫者提出了三个论据。首先，即使存在着巨大的不确定性，比如，可持续福利损失占环境成本估算的50%左右，但这一现象仍然非常重要，因此，我们不能对比避而不谈。其次，当我们为了进行长期（一或几个世纪）分析而使用这些指标时，误差值甚至大大缩小，但却很难改变可持续发展指标的主要趋势。最后，除了综合指标，我们总是需要用从"真实"表达方式或真实情况中归纳出来的货币术语（估算）来逐个分析这些指标只有这才可以得到更加可靠的评估结果。

表 6.6　IBED 变量及其货币化

变量	1992 年值（瑞典*）	增值方法说明
商品最终消费	502	指标基数
收入分配	0.77**	使用基尼不平等指数以加权消费水平
来自：由不平等加权的最终消费	653（=502/0.77）	
家务劳动	+242	以家庭主妇时薪为基础的货币增值
可持续资产服务价值——采购支出	+36	模仿投资核算的估算
健康及教育公共支出	+33	仅从中扣除被认为是非防御性的一部分（协议：这些支出中的一半）
健康及教育私人支出	-10	部分扣除（被认定一半为防御性）
住所-工作地点交通成本	-37	在路程研究和平均成本的基础上扣除（被认定为防御性的支出）

续表

变量	1992 年值（瑞典*）	增值方法说明
交通事故成本	-8	在针对某些年研究的基础上扣除（被认定为防御性的支出）
水污染成本	-24	通过河流水污染变化数据以及美国对相关损失成本的估算中扣除
大气污染	-24	在 SO_2、NO_X、CO 及颗粒排放统计及损失成本估算的基础上扣除
交通噪音污染	-8	通过瑞典对人均 55 分贝以上的年平均噪音成本以及人数的估算扣除
排水引起的湿地损失	-2.4	自然资产损失核算
（沼泽、森林……）城市化或土地质量非自然下降造成的耕地损失	3.4	考虑到土地质量变化，在每公顷调整价格的基础上，耕地面积及价值损失核算
不可再生自然资源减少	-166	在可再生能量资源"代替成本"的基础上计算
长期环境损失（CO_2 排放和核废物）	-73	通过 CO_2 排放量长期损失成本估算的"环境债"
臭氧层减少	-22	使用 CFC 累计排放每千克损失估算成本
人类生产资本净增涨	+60	采用市场范围净生产资本增长传统衡量变体
国际地位改变	-49	国家负债被认为对可持续发展有害（未来的负担）
IBED（1992）	595	以上各项的总额

*1985 年瑞典克朗（SEK）。在该列中，"+"和"-"表示最终消费的增加或扣除。

**1950 年值为 1（1950—1992 年之间不平等程度大大减少）。

如今，很多生态学家都在批判十年前他们曾经赞赏的这些指标。对他们而言，这些指标的创建方法受困于生态和社会可持续性"差"的观念，该观念承认，我们可以用经济收益弥补生态和社会方面的损失，或者用人类生产及新科技的服务来取代"自然服务"，或者，三个维度的所有变量全部可以用货币总量来替换。

然而，气候及生物多样性等生态危机的加剧促使人们意识到了某些损失的不可逆性以及自然开发、大气变暖、生物多样性及海洋资源缺失、沙漠化等活动的临界点。绿色 GDP 学派的货币指标不能或者说不能及时地被纳入这些标准，它们没有提供预警信号。把这些关键临界点和某些环境恶化的不可逆性结合在一起的"强大的"可持续性应该优先于脆弱的可持续性，这样就会导致人们对替代假说的拒绝。

真实进步指标（IPV）

该指标首先应用于美国，其设计灵感和方法与之前提到的可持续福利指数十分接近，它是由国际重新定义发展组织（Redefining Progress）的研究员设计的，该组织是一家成立于 1994 年的非营利机构。IPV 自 1995 年开始应用,几个国家(德国、英国、加拿大、澳大利亚)的研究机构迅速将其运用于本国的绩效评估。尽管2005年以来国际上对该指标的讨论明显减少,但是它仍被应用于美国的某些州,如马里兰州。此外,《卫报》(2014年9月23日)指出,为了"衡量本州的经济绩效和成就",共有20个州推动了IPV的合法性。

图6.1表示1950年到2000年美国人均真实进步指标和GDP之间的关系。

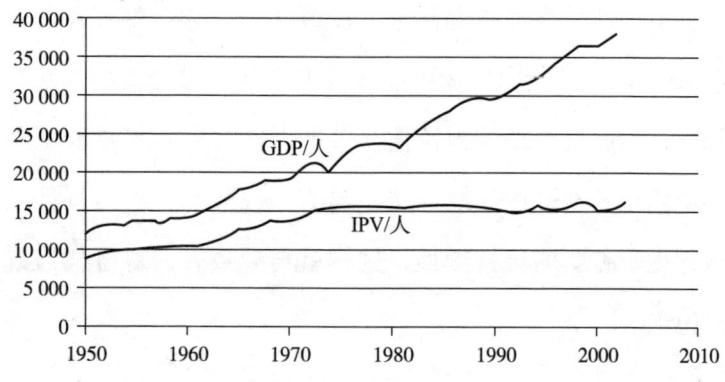

图6.1　美国人均IPV和GDP之间的变化,1950—2004年

图6.2反映1960—2010年马里兰州的情况。可以看到,尽管该州的IPV没有GDP增长快,仍明显上升。但研究者指出,总体性指标上升几乎仅仅取决于经济成分的增长(家庭消费支出),而社会成分停滞不前,环境成分明显衰

退。我们可以思考，由于损失和生态收益货币化相关的选择非常具有争议，这一指标是否会有"乐观"的结果呢？

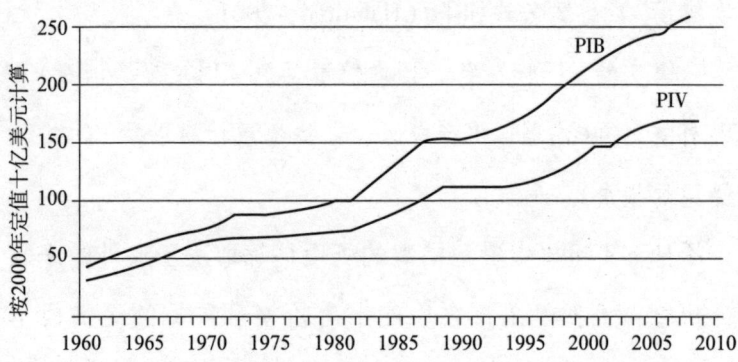

图 6.2　马里兰州 GDP 和 IPV 对比变化，1960 年—2010 年

世界银行调整后的净储蓄[①]

我们也可以将该货币化指标看成"真实"财富流的增长或倒退指标，它旨在通过添加或删除非经济资源（尤其是环境资源）在国民经济储蓄的基础上，对一个国家的可持续发展综合衡量做出贡献。它不包含任何社会变量。这一指标遭到了强烈的批判（Everett & Wilks, 1999）。瓦诺

[①] 净储蓄有两层含义：1. 居民净储蓄，是指居民存款高于支出；2. 净储蓄国，即净出口国家，是指该国的出口多于进口，国家有顺差。——编者注

利（Vanoli，2002）则提出了更加积极的意见。

调整后的净储蓄（adjusted net savings，也被称作"真实储蓄"）计算公式如下（Hamilton，2001）：

真实储蓄＝净储蓄（国内储蓄总值－固定资产消费）＋教育支出－（能源、矿产资源、森林资源枯竭以及CO_2排放造成的损失）

地下不可再生资源枯竭的货币估算取决于额外的净收入概念，也就是采掘之后的出售价格和采掘的经济成本（包括勘探）之间的差距。我们也将其称作资源租赁①，同时付给矿层（矿山、矿井等）业主和采掘商报酬（Vanoli，2002）。至于二氧化碳的排放，则通过处理成本来估算每吨排放的边际成本。对于森林资源，则使用单位租金（也就是按开采面积单位计算）来计算自然增长之外的用于商业开采的资源（Vanoli，2002）。

2005年以后，一些人试图将ENA②规定为国际基准，而该指标同时又遭到了各协会和非政府组织越来越强烈的

---

① 资源租赁，即rente de la ressource，是指资源所有权与使用权产生分离时，资源使用者为取得一定时间内的资源使用仅而向资源所有者支付一定费用（即租金），且使用权期满后将资源使用权归还资源所有者的一种经济活动或经济关系。——编者注

② 世界银行调整后的净储蓄

批判。斯蒂格利茨委员会（第七章）恢复了它的地位，列举了不足之处，但最终还是没有让它受到推崇。这一指标的确有很多不足之处。唯一的事实是，中国是世界上 ENA 指标最高（21 世纪第一个十年增长率最高）的国家，中国饱受各种环境危机之苦，今后也是全球温室气体排放量最大的国家，这一事实足以阻止人们用这一指标来反映全球可持续性……中国强大的经济和财政储蓄弥补了环境记录中严重的衰退（参见下段生态足迹），中国取得了惊人的成绩，这是因为货币化方法低估了这种衰退。

生态足迹

该指标是本书研究的唯一纯粹有关环境的人类中心主义自然观（也就是以人类和自然的关系为中心）指标。

人类活动生态足迹

在国际上，三个非政府组织自 20 世纪 90 年代后半期开始紧密合作，致力于普及生态足迹（ecological footprint）这一综合指标，尤其是为了反映人类为生产或物质消费而利用大自然的程度。这三个机构分别是已经提到的与 IPV（第五章）相关的重新定义发展组织（Redefining Progress）、世

界自然基金会（WWF，全称为 World Wide Fund for Nature 或 World Wildlife Fund），以及环球足迹网络（Global Footprint Network），后者则是真正将方法和数据变为现实的启发者和设计者。这些工作始于温哥华英属哥伦比亚大学马希斯·威克那格和威廉·里斯（Wackernagel & Rees, 1995）两位研究员的著作。该指标越来越被大众所熟悉并且传播范围越来越广（Boutaud & Gondran, 2009）。

该设计理念是：人类生产和消费活动利用自然资源，其中一些是不可再生资源（石油、天然气、化石能源储备），另一些是可再生资源，它们没有人类参与便可再生或者更新，但其适用范围仅限于：土地、森林、水、空气、气候、自然繁殖的生物（鱼类……）。生态足迹仅关心最后一类，因为在该指标的倡导者看来，正是它们最终造成了最严重的问题。

在人类活动中，这些资源有两大作用：提供生产和消费的投入（原料）以及吸收（再利用）废物，包括二氧化碳和其他气体排放。问题是这些可再生资源是否面临枯竭？因为人类使用这些资源的量要远远大于"自然资源"可以产生的量。使用原始计算单位的生态足迹促使我们创建这一资产负债表，按自然资源种类和无共同记账单位对部分资产表进行合成，可以参见莱斯特·布朗（Brown, 2003）。

我们可以说生态足迹的倡导者和国民经济核算的创建者有着类似的观点，但他们核算的是自然"预算"（和人类活动的关系）以及人类"生态赤字或超支"（当人类的使用超出了资源更新的自然能力）。

方　法

原则很简单：用于满足某一人群经济需求的可再生资源中，大部分最重要的资源可以转换为深受"人类活动足迹"影响的地球面积。饮用水资源不能算进生态足迹中，而是属于另一个很有意义的同类指标——水足迹。通过类比可以理解这种转换的好处：以采摘和狩猎为生的部落没有土地就无法生存，是否扩张则取决于部落消费（因此也依赖于部落大小）以及土地所谓的"生物生产"能力（或生物承载力，即更新人类使用资源的能力）。他们不会耗尽这些资源（水、蔬菜、动物），诚然，这些资源是可再生的，但是仅仅在某些条件下，根据一定的自然规律才可再生。然而，当代人以生态危机为代价，重新发现他们也面临自然资源和法律的约束。当代人对地球资源的开发已经超出了其再生能力。生态足迹方法就是要揭示当代人已经开发的工地面积和可供利用面积之间的差额。

具体说来，首先计算某一特定人口（比如一个国家的人口)的最终消费,接着按照自然生产及开发的现有技术进行技术转换(转换为各个消费项所需要的生态生产力面积)。专题介绍了主要的自然表面类型,2012年法国人足迹分解见表6.2。

表6.2 2012年法国人均生态足迹(总公顷)

耕地	1.20
草场	0.30
开采森林面积	0.50
渔场	0.2
建筑土地	0.2
总计	5.10

来源:Global Footpnint Heeuorh, 2016

值得注意的是,在某个特定国家中,为了实现特定的消费水平和消费方式,这些各不相同的必要面积是没有边界的。这是和原始部落最大的区别。在某一国家或集体消费中,如果一些财产是通过一部分外部自然资源获得,或者废物通过被分析土地以外的自然力所更新(最重要的案例就是二氧化碳的排放),我们只能依据全球面积足迹对之进行估计。法国的二氧化碳排放不仅仅是被森林吸收的。这就是为什么计算一个国家的生态足迹的基础不是本国自然资源"收益",而是一个世界计算单位——全球公顷数或平均生物生产公顷数。也就是说,不能在核算中减去一个国家（或一个集体）的生物承载力，以便将该国在全球范围内所使用的面积和本国的生物生产面积资源进行比较。比如，威廉·里斯曾经评估，仅仅在食物产量这一方面，荷兰利用（引进）全球大约 100000 平方公里的土地，是该国生产用地面积的 5 至 7 倍，主要分布在发展中国家。在经济方面，该国为贸易顺差。在生态方面，该国和世界上其他国家一样有着巨大的赤字，但是目前只是无形的。在城市文明中，高人口密度的土地有着永久的生态赤字是很正常也合理的。但是一方面，本国人民意识到赤字的巨大（表明人们是多么依赖于其他地区的自然资源）及变化，这也并非坏事。另一方面，当这种赤字到了威胁到各自引进的自然资源的全球再生产时，问题就变得令人担忧了。

生态足迹面积计算可以是对所有人类而言，也可以是对一个国家、一个地区或一个城市、一户人家（在消费的基础上）、一个最终消费项目（饮食、住房、交通……），等等。

人口消费转换为总公顷数

关于转换原则、方法论和结果的详细介绍参见世界自然基金会－法国"生存地球"（planète vivante）年报，其中包括对本专题文字以及瓦克纳格尔和里斯的评论节选（Wackernagel & Rees,

财富新指标

1995)。六大类土地被开发用以特定一人口的消费需求和相关生产。我们强调,这些面积是把考虑一大类自然资源(土地、森林、海洋……)的全球平均生物生产力评估所得。

(1)耕地足迹是生产人类和牲畜饮食或工业生产(棉花、黄麻、橡胶……)所需农产品收获的必要面积。

(2)草场足迹与不由工业供给但长久占据牧场的牲畜肉类、奶制品、皮革、毛皮消费相对应。

(3)森林足迹是制造消费所需林产品所需要的面积,其中包括所有木制品。

(4)渔场足迹是生产消费的鱼类和海鲜所需要的面积。要注意的是,并不是所有种类的在鱼类生物生产力需求方面(或者海洋①)都是相同的。

(5)建筑用地足迹指建筑、公路及交通基础设施所需面积。

(6)能源足迹指满足能源消费所需面积。它包括四类能源:化石燃料能源(煤、石油、天然气)、生物能源(木材燃料和木炭燃料)、核能及水能。化石燃料能源足迹指吸收这些化学燃料排放出的二氧化碳所需要的森林面积。生物能源足迹指创造生物

---

① 海洋初级生产力,即 ou production primaire de l'océan,是指浮游植物、底栖植物(包括定生海藻、红树和海草等高等植物)以及自养细菌等生产者通过光合作用制造有机物的能力,也称为"海洋原始生产力"。——编者注

> 能源所需要的面积。核能足迹曾经是在碳足迹中通过和化石燃烧等值统计的——这一方法相当不稳定。之后，考虑到核能的碳排放很少，其主要缺点是其另外一种属性，于是就采取了一种切合实际的衡量方式。水能源足迹指水电站大坝和水库所占面积。

无形赤字

1960—1970年，人均生态足迹得到了发展（我们没有1960年之前的评估数据）。此后，生态足迹或多或少停滞不前。

由于人口增长，人均生物承载力下降了。20世纪60年代，人类消费的可再生自然资源低于可用的生物承载力（1960年占到了70%），两条曲线在1970年附近相交，赤字不断扩大，到了2012年，超过了64%：2.84全球公顷[①]人均足迹所对应的生物承载力为1.73。

如果上面的数值是准确的，这就意味着从现在开始，人类每年要从大自然得到的可再生资源比这些资源自然再生的年度流量多64%。但是不可能出现这样的情况，

---

① hectare globaux，又译作"全球性公顷"，简写为 ghm^2，有别于通常的土地面积——公顷（hm^2）。1单位的全球公顷指的是1公顷具有全球平均产量的生产力空间。——编者注

有四个原因：首先，这种核算仍未实际操作过。然而，即使这些问题，不被计入其中也没关系。其次，在经济领域，巨大的债务不一定会在短期产生明显的后果。当结构性债务不明显时，只有严重的危机才能充当回复力。最后，经济评估对生态评估有决定性影响时，只有价格可以反映某一资源枯竭的可能性。但是这种信号是具有欺骗性，因为在一定程度，科技进步可以开采或利用正在减少或者枯竭的资源，其价格不会明显抬高。只要有可以抽取的水，我们就可以在深层地下水中抽水而不会引起价格飞涨。但是并不能改变某些国家水资源严重短缺的事实。

将可再生资源损失融入 IBED 或 IPV 等指标的货币估值方法不会只提供预警信号。事实上，在价格存在时（例如：耕地流失），这些方法以资源目前的价格为基础；在大多数情况下，则是资源减少引起损失的估计成本为基础。然而，在水资源或是其他种类资源的情况中，即将来临的损失很有可能比刚开始观察和衡量的损失要大得多。这就是针对资源本身，而不是仅仅针对不太适应这种危机前景的货币估值的实物量核算和预警策略的好处。

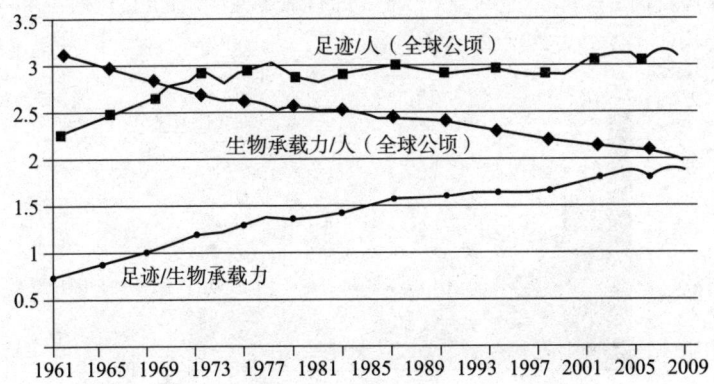

图6.3　全球人均生态足迹和生物承载力，1961—2012

资料来源：Global Footprint Network 2016

最后，可再生自然资源枯竭目前并不明显的第四个原因就是它对日常生活的负面影响还没有触及主要的经济、政治、传媒主体以及社会上层，长期以来，这些主体的足迹最为重要，现在他们还掌握着将负面影响转移在其他人身上、保护自己环境消费的手段，并且越来越多地将原来任何人都可以获得的作为公共资产的生态系统服务私有化。

我们曾指出，这种核算依赖于现行消费模式和生产技术。重要的是，其他更有节制但并未退化的生活方式以及其他生产技术（如可再生能源、地下水消耗很少且不耗尽土壤自然能力的农业生产技术）会大大减少生态足迹而不损害被视为文明基础的食品、住房、出行、医疗等的质量和多样性目标。但对这一观点仍存在极其严重的分歧。

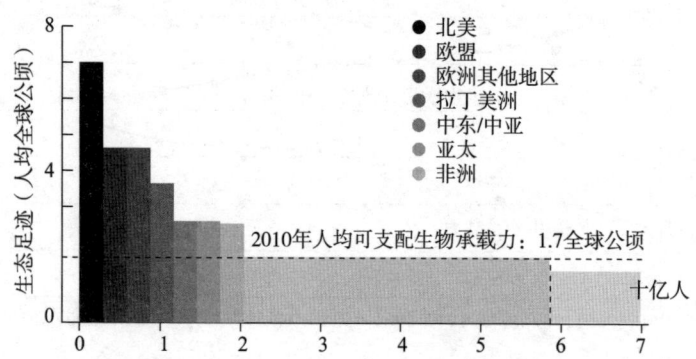

图6.7　世界主要地区人均生态足迹，以全球公顷为单位，2010年

资料来源：WWF-France，2014年生存地球报告，www.wwf.fr

生态足迹的严重不平等

生态足迹是一个将可持续发展和公平发展紧密联系起来的概念。公平要求涉及三个方面因素。首先，为代际公平的持续性概念的基础。累积的生态赤字应该由它是反映当代人及子孙后代以这样或那样的方式买单。其次是国内及国际公平，因为这些数据显示不同国家之间以及社会群体之间在生态足迹方面都存在的严重不平等。2012年，一个美国人的平均生态足迹是8.2公顷（为全球人均"生物生产"面积（1.7公顷）的4.7倍），而非洲人为1.4公顷。法国人均生态足迹为5.1公顷，即法国人均生物生产面积

(3.1公顷)的164%，全球人均生物生产面积的2.9倍。这些结果意味着，为了保证全人类拥有美国人的生活方式，在目前生产技术的基础上，差不多需要五个地球！如果都按照法国人的生活方式，需要将近三个地球。同一个国家社会群体间的不平等也是相当严重的，如果考虑到最富裕阶层的生活方式，差距还会更大。

人类贫困指数

受到生态足迹的启发，2006年诞生了一个也许最具有挑衅意味的指标，它是由英国新经济基金会与联合国"地球之友"（les Amis de la Terre）发布的幸福星球指数（HPI）。我们可以把它翻译为"可持续主观福利"。事实上，在HPI的三个变量中，有一个变量是在直接调查的基础上衡量个人对生活总体"主观"满意度（全世界大多数国家都有这种调查并且遵循相同的规则）。HPI涉及三个变量，由于这个公式太过简单即便实施后来带来各种技术难题和传统难题，但这里并不能例外。

HPI =［生活满足程度×寿命］/人均生态足迹

该指数用一个数字反映出尊重生态平衡的长寿和美好生活的观念。或者，它表示一个国家在长寿和美好生活的

"生产"方面所具有的生态效率。它也可以用于国际比较或者追踪随时间而发生的变化。它不要求为了评估福利而对核心变量进行任何货币化操作。

该指数结果乍看起来出人意料，甚至令人反感。考虑到依据经济财富所得到的国家惯用排名和依据该可持续主观福利指数的排名之间的不可思议的差距，这些结果对社会的价值和优先权提出了许多有意义的问题。

第七章 2007—2015：超越 GDP 的多种路径

2007—2015 年，出现了很大变化。许多国际、国内、本地举措相继问世，对概念和方法的思考也进一步发展。21 世纪头十年中期常见的某些指标现在已很少见了，其他指标取而代之。对于 GDP 无处不在的争论取得了重大进展，但是仍没有给予这一"法宝"一个与其内容和局限性相符的地位。

在本章，我们将回顾这一时期的主要阶段，介绍近期争论的得失激烈程度。因为，在那些为其他"边缘"指标或 GDP "以外"指标辩护的人中间，仍存在不同意见，并没有阻止某些妥协的达成。

欧洲委员会和经合组织的革新

关于这一问题，我们并未预料到的两大国际组织——

欧委会和经合组织——对发达国家"进步"的其他指标制度化做出了贡献。两者都是在主要社会名流和公民社会对话的推动作用下达成的。不幸的是，之后的国际倡议中再也没有出现这种有利的局面，相关工作基本上都交于经济学家和统计学家，尤其是"斯蒂格利茨委员会"（见下文），我们甚至可以说，这个困境是从2009年末开始的。欧盟以及"里约+20"峰会，对于早已提上日程的世界重大问题和指标问题，没有给出任何确切的答案。相反，一些有实际利益的国家和地区相关倡议不断增多。

2007年11月，欧委会、欧洲议会、罗马俱乐部、经合组织以及世界自然基金会在布鲁塞尔组织了一次国际会议——"超越GDP"，其出发点是："为了有效地衡量进步、财富和福利，必须运用和GDP同样清晰易懂的指数，而且要更加全面。它们应该将社会和环境两方面结合起来。气候变化、全球贫困、资源匮乏的巨大压力以及对我们社会可能产生的后果等全球重大问题，使得考虑这些因素变得十分重要。"①

之后，欧委会在2009年8月制定了题为"GDP与GDP之外"的"路线图"，似乎是把2007年的会议主题撤销了，但不论

---

① http：//beyond-gdp.eu/fr/2007_conference.html

怎样，该"路线图"仍明确提出了五个在中短期内要实现的目标：

——在 GDP 中加入环境及社会指标；

——为决策者提供接近实时的信息；

——提高分配与不平等信息的精确度；

——编制欧洲可持续发展指标；

——将国内核算扩展到环境和社会领域。

在 2007—2009 年，经合组织在这些问题上取得了重大进展，尤其是在 2007 年 12 月伊斯坦布尔全球论坛的成果。欧洲委员会、经合组织、伊斯兰会议组织、联合国、联合国开发计划署和世界银行联合签署的"伊斯坦布尔宣言"建议："我们促请各有关统计部门、公共组织和私营组织以及学术界的专家与其他各界的代表们携手努力，共同提供高质量的、以事实为依据的信息，供所有人使用，以便就关于社会健康程度及其随着时间的推移不断发生的变化的意见和看法达成共识。"之后，全球论坛 2009 年在韩国，2012 年在印度举行。

2012 年，经合组织借助媒体炒作推出了一项新指标——"美好生活"指数（Better Life Index）。经合组织推翻了之前的一部分政策建议，因为它不建议将公民社会涉入其中，也不建议将普遍适用的指标建立在"具体事实"

 财富新指标

之上。

"美好生活"指数

这是一个把 19 个变量整合为 11 个维度后简单加权得到的指标（每个人都可以选择权重，这样将对"公民协商"的概念有所削弱。）多数维度只有两个变量。专题文字详细说明了这些维度和变量。其他信息请参照经合组织针对该指标建立的网站 www. oecdbetterlife-index. org. ，其中仅涉及 35 个国家。

局限性和模糊性

当然，该指标改变了 GDP 的一部分价值。此外，一些评论家指出，按照人均 GDP 的国家排名和按照这一新指标的排名之间存在极大的正相关性，因此，《回声经济报》①总编艾瑞克·勒·布什（Eric Le Boucher）说："归根到底，福利就包含在 GDP 中！"经合组织选择的 23 个变量反映了这种看法，该组织独自完成了这一选择，未进行任何协商。一旦决定在混合指标中引入许多与人均 GDP（每住户均住

---

① Enjeux-Les Échos，法国《回声经济报》，是法国一家具有相当权威性的经济日报，由斯克雷兄弟于 1908 年创办。——编者注

宅面积、有无卫生设备、收入、金融财富）紧密相关的变量时，也就大大提高了混合指标与人均 GDP 的相关性……

> **"美好生活"指数的 11 个维度和 23 个变量（2016 年）**
>
> ——住房：人均房间数、无抽水马桶的卫生间数，以及住房支出（表明负担住房的能力）。
>
> ——可支配收入和金融财富。
>
> ——工作：就业率、全职劳动者年收入、新失业者数、长期失业率。
>
> ——社会联系（社区）：宣称在需要时可被信任的人数比例。
>
> ——教育：至少高中毕业且在完成义务教育后有阅读能力的成人比例。
>
> ——环境：大城市气污染状况、水质。
>
> ——国家事务管理：大选投票率。
>
> ——健康：出生时预期寿命、健康状况的自我判断。
>
> ——人们对生活的满意感。
>
> ——安全（人身）：谋杀率、人身侵犯率。
>
> ——工作-生活平衡度，有三个变量：长期周工作量超过 50 小时的劳动者、休闲时间、个人保健。

但是其他局限性会造成更多的不便。被选中的变量几乎都是与个人福利中的个人主义概念和盎格鲁-撒克逊国

家相关,牺牲了集体福利和社会健康。在这种情况下,美国、英国、澳大利亚、新西兰、加拿大、爱尔兰等可称为盎格鲁-撒克逊模式的国家都获得了很好的排名,远在法国之上,这也就不令人惊讶了。贫困及不平等、医保或失业保险覆盖、性别之间不平等、不稳定工作以及"零工"等指标,都未被考虑。如果我们在指标中引入两三个这类变量(2016版有所变化,在第一版的基础上加入了几个变量),正如联合国开发计划署贫困指标中所呈现的(第三章),盎格鲁-撒克逊国家的排名应该很差。经合组织承认,他们的这一指标是斯蒂格利茨委员会的后续工作(见下文)。然而,斯蒂格利茨委员会的报告明确指出,"生活条件的不平等是任何国家生活质量评估不可分割的一部分。"

最后,还有一个很大的局限性,在23个变量中,只有2个环境方面的变量,这对评估美好生活多维性来说是远远不够的。

斯蒂格利茨委员会(2008—2009)和 FAIR 组织

2008年1月,法兰西共和国总统萨科齐出乎意料地宣布成立一个国际委员会,负责制订进步的其他评估标准。

第七章 2007—2015：超越 GDP 的多种路径

他任命约瑟夫·斯蒂格利茨（Joseph Stiglitz）为主席，阿马蒂亚·森（Amartya Sen）为助理，让－保罗菲图西（Jean-Paul Fitoussi）和新自由主义学派的批判经济学家为协调员。该委员会的官方名称为"经济绩效和社会进步评估委员会"，一般被称作"斯蒂格利茨委员会"。它的任务是："确定作为经济绩效和社会进步指标的 GDP 的局限性，重新检查评估相关问题，识别更加直接的社会进步指标可能需要的补充信息"。

委员会在 18 个月之后，也就是 2009 年 9 月 14 日递交了报告，得到媒体有力的支持，这也使得萨科齐有机会在索邦大学数千名观众面前发表了令人印象深刻的讲话。他特别指出："这几年以来，经济统计体现了强劲经济增长战胜贫困的胜利，直到这种增长出现并威胁到地球的未来，破导致更大的破坏。"

自宣布成立起，为了应对公众利益问题缺乏有组织的公民社会（协会、非政府组织、行业联合会……）的风险，斯蒂格利茨委员会成立了一个多元化的团体—其他财富指标论坛（FAIR）。它在征求公众意见方面成效不大，但是它将声音传递到了委员会工作的各个阶段（FAIR，2011）。

斯蒂格利茨委员会（2009）的报告包含了显著的进展，但也有一些含糊不清的地方。委员会成立的时候只邀请了

经济学家,这成为某些不确定性的根源。

总的来讲,这份报告强烈质疑了 GDP 的地位—作为一个无处不在的指标和政治目标,GDP 指导着社会发展。报告也明确地说明,为了衡量"福利",必须考虑不平等的必要性,并建议开发有利于反映生活质量的多样性指标。

其主要的局限性和模糊性包括:

一方面,从可持续发展指标开发出调整后的净储蓄货币指标的改良变体的尝试最终被推迟下来。总的来说,经济学家在委员会中无处不在,会导致夸大"货币化"方法,至少会导致过于频繁地在经济概念(资本、流通、储备、储蓄等)基础上研究人类可持续发展问题。

另一方面,受委员会部分成员的影响,报告高度重视通过民意调查得到的"生活满意度"(life satisfaction)主观指标。我们认为,这些指标会引发思考,但是对于公共行为却影响不大。对于生活条件、健康、工作、能力(在有利的主观条件的基础上选择想要的生活的自由),这些指标什么也没说或者几乎什么也没说。它们不能用于规定国家间的融合标准或者联合国"千年"目标这样的全球目标,也无助于思考鉴定和保护公共财产的方法。

不管人们同意与否,斯蒂格利茨报告并没有被束之高阁。它仍影响着法国以及国外的统计和指标选择。在这些报告中,我们找到可靠的国际比较、主观指标影响的相对化(报告中写道,可能存在福利的"主观方法的局限性"),以及对调整后的净储蓄概念适时的批判。但是,在罗列了各种不能进行 ENA 启发下的计算的合理理由之后,报告的作者们采用了简化的修改稿进行计算……

联合国的财富总体性指标(IWI)

IWI 指数(包容性财富指数)[①] 是由 PNUE(联合国环境规划署)和联合国大学于 2012 年在一份联合国的报告中提出来的。确切地讲,它"里约+20"峰会前正式提出,并且越来越引人注目,尤其得到了许多经济学家的支持。IWI 的目标是不仅仅把储蓄流货币化,就像 ENA 所做的那样,而且还要把储备、"资本"都货币化,这是为了每个国家是否都在通过增加财富储备来保持可持续性的完整轨迹,而所有纬度都被混为一体了。

在考虑相关方法的选择之前,几个结果就已经令人困

[①] Inclusive Wealth Index,简称 IWI,又译作"包容性指数",是对国家财富的三个来源进行量化加总所得到的指标,包括劳动力质量(人力资本),基础设施和生产设备(实物和生产资本),包括矿产、土地和渔场等在内的自然资源(自然资本)。——编者注

惑不已,"整体可持续性"增长率最高的国家是……中国,包括美国在内的所有发达国家的可持续性都在增长。然而我们很清楚,这些国家和其他许多国家的生态压力指标和社会健康指标都处于红线之下,公共资产遭受着严重的破坏。这些作者是如何得出这样的结果呢?

首先,是备受质疑的方法。这种方法严重夸大了潜在市场资源储备(比如采掘业)以及经济学家认为的"人力资本"的"虚拟价格"。这样,英国全部财富中的90%就成了"人力资本",美国也要达到78%。相反,英国IWI指数中的自然资源份额仅占1%(法国为1.5%)。

其次,该方法明确假设了通过人力资本或生产资本增长弥补任何"自然资本"退化的可能性。这一可替代性假设(第四章)忽视了环境恶化的临界值。

最后,更有争议的是这些计算完全排除了不平等和重大的生态风险:"气候调节、洪水控制、肥沃的土壤、生物多样性、饮用水等等。这一财富衡量没有将这些内容考虑进去。"

归根结底,生态和社会方面最重要的内容都没有被计算进去。原因是什么呢?这"对'资本'替代假设的衡量提出了挑战"……的确是这样,但是这很可能首先导致对这种指标的质疑。

法国：CESE、ARF……以及公民

对斯蒂格利茨委员会和斯蒂格利茨本人所获诺贝尔奖的炒作，导致法国一些很有意义的工作和报告被忽视了。首先被忽视的就是法国经济社会环境理事会（CESE）在2009年5月斯蒂格利茨委员会报告递交之前发布的"可持续发展指标和生态足迹"。

这是一份容易理解的文件，它并不只面向专家，而是在广泛听取了各界人士的意见之后编制的。这也和斯蒂格利茨委员会固定不变的方法形成了鲜明的对比。

在详细地分析了如今高高在上的指标（GDP 和增长）和现有替代指标的不足之处之后，CESE 传递的主要信息就是应该"把公民和指标选择以及指标发展的评估紧密联系起来。"

这也是由法国大区协会（ARF）倡议并于法国统计局合作，于 2012 年 4 月推出的另一指标的意义所在。

ARF 的工作推动了迄今为止只适用于国家的国际主要指标在三个地区变化的：人类发展指数（IDH）、社会健康区域指标（ISS）及生态足迹。增加了被归类为"形势"的 22 个指标，从企业创办率到空气质量，还包括参加各种协

 财富新指标

会的人口比例。

ARF补充道:"国家统计机构每个季度甚至每个月都能够产生关于经济形势的数据,而关于贫困,我们在2012年只能获得2009年的数据,这十分不合常理。这些指标的发展面临着一个主要挑战,就是国家统计局能够把数据进行区域化统计划分为不同的地区统计,且时至今日仍然难以对社会联系的范围进行衡量。"

最后一句话指出了一个重大的政治挑战:在媒体层面和政治层面,最为重要的指标、最受资源影响的指标、更新和跟踪最频繁的指标能够反映出一个社会及其主导阶层在某一特定时期的工作重点。打乱这些显要指标等级制度的做法与推倒社会进步主导观念的做法是密切相关的,因此也就与重振民主运动紧密相关。

在艾娃·萨斯(Eva Sas)议员的倡议下,法国议会于2015年4月通过一项"在定义公共政策时考虑财富新指标"的法律。如果它可以得到充分实施,相关指标得到合理的选择,它就有可能使国家和政府的财富观在最高的层次上进行革新。

该项法律规定议会每年要递交一份基于替代指标的报告,更重要的是,要根据这些指标对重要改革进行评估。

第八章 评估指标

对本书中所介绍的指标进行评估,就是评价它们作为各种"社会绩效"衡量工具以及公共或个人行为认知框架的效率及意义。然而,作者总是同时使用"福利"(经济)、"财富""发展""社会进步""生活质量"等术语,或是对这些绩效没有明确的定义和语义用途,也没有将其全部纳入社会绩效中。

在此种情况下,对指标的评估要将各种不同的主要评价标准结合在一起。受到一些研究工作(Sharpe, 1999; Hagerty, et al, 2001; Perret, 2002)的启发,我们在本章列出一张主要合成及综合指标的多标准评估表,该表被认为是形成决议的支撑材料。

表格中某些标准将会直接定位在++到--的标度尺上。比如方法论透明度:一个指标是将一个还算透明的方法介绍给有相应能力的人来使用。至于其他标准,即定量

定位的标准是更加含糊不清的,所以,更加需要阐述理论立场、社会评价或社会成规,否则,对其直接不予考虑。比如,某一综合指标的"维数"标准是这样的:数量选择的最佳点在哪里?这就有必要在指标不太复杂的目标(比如:只规定了几个纬数)和被用来理解社会进步程度的穷尽性目标(总是毫无成效的)之间达成妥协。但是因为某些综合指标既复杂又不详尽,运用起来十分棘手:比如GDP 和 IWI(第五章)就是这种情况。

指标的(相对)技术层面

我们在第四章已经强调,围绕财富的某一替代观念达成一致的条件之一就是技术可行性及数据和结果不确定性因素的减少。正是在这样的前景下,我们将介绍几个区分标准和指标评估标准。这些标准包括:①构建方法(对于我们在不同章节充分讨论的归并方法就不再详细介绍了)、维度、组成变量选择及加权的标准;②技术潜力。这些问题表面上看属于技术性问题,但也涉及政治和伦理观念,往往出现在专家辩论背景下的重大技术选择中(见结论)。

构建方式

我们根据第一维度采用五个标准,对以下这些指标进行区分：

——首创行为的性质：此处是指辨别决定选择权（范围、成分、加权）的不同替代办法是否为个人首创行为或集体首创行为（实验室、机构、网络等）以及项目资助者是谁。我们可以认为，如果构建时将国家机构也包括进去，指标可持续性将会更强。首创行为的确定可以由公民提议，也可以通过协商或者公民承认来确定。与"地域意义"及其自主权有关的指标准确性依赖于这些公民密切相关。

——核算一致性。这首先是货币化指标的问题，主要是指在某些变量货币化中对公约稳定性的评价。我们对这一点进行总结，同时坚持认为，即便一些公约确实遭到质疑，但"有争议的公约"的出现也并不意味着它们的"质量"偏低。从数据利用程度的角度看，也可以探究计算的连贯性：创建的指标在何种程度下成了数据利用程度被限制的产物？

——作为指标基础的数据"完整性"，也就是变量选择、数据选择及资料选择的可靠性。

——缺少数据计算"隐形"人口计算及"被遗忘"人口计算的意愿。事实上，很多计算在数据库方面都是"从现有数据出发"。这一实用主义是可以理解的，但是会导致变量的选择范围过于狭隘。相反，我们统计的一些首创行为构成了一个理想的概念框架，涵盖了相当广泛的社会问题。"由于缺少可用数据",这些首创行为随后又倒退到从现有数据出发的措施,突出了新数据收集的益处。这些方法有助于为信息系统提供更加完整的论据。

——概念框架:指标中那些需要被评估的概念是否被清楚地解释并被纳入一个结构严密且足够一致的公约框架?

维度和变量的选择

我们选择了四个标准:

——纬度和变量的完整性:维度是否以合理的、令人满意的方式包括了所有的基本概念?被评估的指标是否覆盖经济、社会、环境维度都合而为一?

——指标是"客观"还是主观?如何在两种方式之间作选择?如何将所有的主观衡量归入第二种情况?

——维数:所有维度和其中某一比例偏高的维度之间是否存在着某种"平衡"(Sharpe,1999)?在选择维度时,常规标准是否占了上风?

——维度加权和变量加权的选定和透明度。制定综合指标时,任意性所占比例如何以及如何降低这一比例?如何让所谓的"专家"(BIP 40)、民意调查(生活满意度指标)、个人自由选择以及全体公民以不那么形式化的方法制定共享公约来实现这一目标?上述因素均关系到加权选择的透明或不透明的程度。

指标在替代用途方面的可能潜力

我们制定了五个标准：

——数据的时间连续性。该标准在某些情况下也是综合指标构建方式的一部分（比如，利用观察年份中的"最好"年份和"最坏"年份对变量值进行标准化的时候）。但从根本上讲，大部分进步评价只有空间意义；

——变量和数据来源的国际可比性；

——指标的普适性。这一普适性可按两个无直接关联的标准进行理解。第一个标准就是可进行直接比较的国际普遍性，但是也有体制形式的巨大风险。在这一点上，指标应当不乏全国性的特点。尤其是获得合法性后，在衡量某一地区或者某一国家财富的具体特点及其社会进步时，这种根深蒂固的国家标准甚至地区标准可以展现出更好的质量。普遍性问题应该从历时性的角度探讨。为了使一个综合指标同时具有可信度和合法性，它必须不因时间而改变。但这又是一个棘手的问题，因为"一切照旧"的做法会导致政府行为的"自动驾驶"模式，显然，这并非这些举措的目标。关于政策和国民经济核算之间的关系，我们将会就这个问题得出结论；

 财富新指标

——可能分解成几个重要的维度吗？这种分解可以通过两种互为补充的方式表示。一方面，如同上文介绍过的某些举措，将一个指标按不同种类进行分解是一件很有趣的事。另一方面，分解的做法可以帮助从不同"维度"去思考某些分析方法（比如：贫困、不平等、经济不安全、环境等）。这样，社会进步演变的优势和弱点很容易凸显出来，这将有助于制定出适合每个领域的公共政策和个人策略；

——不可逆性影响被纳入考虑的范围。是指承认（为了在福利指标中考虑进去）某些维度或变量有时退化会到或超过不可逆的界限。在这种观点下，假如指标是合成或混合的，就很难将这些不可逆影响考虑在内，因为所有的指标都是建立在替代性较强的形式（使用货币化指标）或替代性不强的形式（使用几何平均值的综合指标）之上的，不管是哪种形式，它们所表明的观点都含糊不清。

使用政治术语的指标评估

我们规定了对公共决策评估指标效率有利的四个标准：

——是否要对最终结果进行评估？什么样的评估？如果仅仅按时间维度来跟踪某一社会财富指标，则这一评估不够明确：如果指标升高或降低，就很容易从中推断出是

进步还是倒退。但如果是为了把不同的国家进行比较，那么，什么样的指标应该被视为是良好的情况呢？标准太高或太低均不利于对"标准化"进行衡量。

——指标是否有明确的经济政策目标与社会政策目标？这一问题明显是一个可能性大小的问题，而不是把综合指标分解成不同维度。指标缺乏透明性，会造成分解的困难（因为方法混乱、没有解释清楚或者因为变量的数量过多），并由此带来更多的困难；

——指标的潜在用途。即便指标不仅仅会改变政治和世界，我们仍然十分需要这些替代指标。不同的需要来自于不同的用途：①在发展模式可持续程度问题上的个人意识或集体意识；②生活方式、生产方式、消费、共同生活可持续程度的预警信号；③辩论空间。这些新指标可以成为舆论的借口或支撑，围绕"财富"的各个维度以及赋予价值的内容得出共同公约；④更容易捍卫这一观点的量化参数：如果使用作为目标的某些经济总量，它们会损坏而不是改善社会状况；⑤政府行为的转变。

——合法性、媒体传播、舆论影响。在一定程度上，可能是对指标使用时间的评估所造成的影响，但是这也直接取决于社会条件（专家合法性、公民合法性、两者的结合……）

对某一国家福利或财富的综合指标进行评估仅仅是评

价形成的一个步骤。为了更加有效,这些指标应该被用来保证专业性、多元化、民主三大目标。

至于所有的标准,任何被检验的综合指标都无法达到最高的"评分",而且,我们能够估计的评分都是随其潜在用途而变化的。

表 8.1 和表 8.2 为前几章所介绍的几个指标的多指标分析。我们选择了 GDP、IDH(2010 年之前的版本),因为它们的传播范围广,在某一进步形式的认知表征中所占分量较重,还选择了 ISS 和 IWI,因为它们具有创新性,因此,其传播范围正在不断扩大。

表 8.1 指标偏技术层面的评估

	GDP	IDH	ISS	IWI
A. 构建方式 个人或集体构建	集体,但是专家通过路线图内部进行了辩论。公共资助。	集体:PNUD,国际辩论。资助:国际组织。	商议的方法,BIP40。地方资助。	集体,PNUE 内部的经济及环境专家辩论
会计核算一致性	+/− 一致;不确定的公约(服务)。	非货币性估值法	非货币性估值法	完全货币估值法
数据完整性	+/− 是;非营利机构的不确定性数据。	++	+ 可靠数据	+/− 给予虚构价格引起争议性问题。
可开放性	+ 我们可以延伸财富的范围	− 没有明确的开放性。PNUD 制定的补充指标	+ 开放给新数据	+ 我们可以延伸"包容性财富"的范围。

第八章 评估指标

续表

	GDP	IDH	ISS	IWI
理论和公约框架	市场消费,财富唯一的方面。	意义功能理论	商议小组讨论的变量选择	延伸的"生产"基础估值——从资本所得的可持续性。
B. 维度和成分相对福利（BE）整体概念而言的完整性	—GDP不是对福利的衡量。	只有三个维度。IPH和IPF作为补充。	+明确的不平等和不安全变量	+代际福利,但是要通过货币化。
客观衡量或主观衡量	客观衡量	客观衡量	客观衡量	往往在主观衡量的基础上制定的虚假。
维数	十分复杂	3个维度十分简单	8个维度	十分复杂
加权选择和透明度	货币化指标。在专家小范围内公开透明	简单平均数	+透明度较好。可能选择加权	货币化指标。局限于专家内部。
C. 指标在各种用途中的技术潜力 时间的连续性、规律性	++	++	-十分依赖变量的可用性及后续活动	++
国际可比性,普遍性VS国家扎根	双重扎根	双重扎根	成分选择的领土扎根	双重扎根
可操作性-分解	++	++	++对于每一维度和每一变量	++

表8.2 指标政治评估

	GDP	IDH	ISS	IWI
经济和/或社会政策的明确目标	++目标：经济增长率升高的明确目标	+IDH的三个维度	+衡量不平等和贫困	-明确目标，但是未解决隐含的可替代性
公共决策直接工具	+特殊经济政策工具	+国际报告和倡导工具	+部分倡导工具	+可持续性经济和情况分析工具
合法性、媒体传播、指标传播对舆论的影响、指标寿命	+++合法性、媒体传播、对舆论的影响、寿命长	++借助国际机构和设计者的合法性快速传播	+对初版进行某些修改，在领土范围不断传播	++通过经济学家维护的联盟组织快速传播。

结论 人类可持续发展及 21 世纪的经济核算

我们在衡量了局限性的猜测之后,通过前瞻性研究对此做出总结,这样的做法未免有些冒险。但是在各种积极因素的基础上,在达成共识的少数派积极分子的影响下,法国自 1944 年巴黎解放以来所创立的国民经济核算方式让我们变得更加大胆。

国民经济核算史的两本著作:福尔盖(Fourquet)和瓦诺利(Vanoli)

我们的论据出自国民经济核算史上最重要的两本法语著作,这两本书的出版时间相隔了二十多年。两本书都精彩绝伦,非专业人士也能够理解。其中一本书作者是弗朗索瓦·福尔盖(1980),另一本鸿篇"巨著"的作者则是安德烈·瓦诺利,他是自 20 世纪 60 年代以来法国最重要的国民经济核算理论家。尽管两位作者的目标不同(瓦诺利关注的是辩论和方法,他没有像福尔盖一样,在主要人物叙述的基础上,描绘一部历史巨作),但是我们在两人的著作中都发现了具有重大创新的历史观。

瓦诺利在他的书中指出,1930年至1940年,国民经济核算史是科学研究不断发展的阶段,通过科学家之间的辩论,那些不断得以改善的各种方法和概念作为理论和实践工具,能够越来越合理地表达真正的宏观经济和微观经济之间的关系。这是一段有重大发现的历史,学者之间进行科研辩论,各种流派也争奇斗艳。在叙述类型上,这段历史与西蒙·辛格(Simon Singh)所叙述的费马(Fermat)大定理的历史没什么区别。这段历史的关键词为:严格(这是科学永远的目标)、困难、模棱两可、空白、缺陷和不足(科学和逻辑辩论可以克服这一点)、明朗化的灰色地带。最后是协调、一致性及融合,用来指代更加成功的结构(并继续进行改进):2008年到2010年的综合核算系统(SCN 2008和SEC 2010)。瓦诺利在其著作的最后一章特别提到了历史背景和政治背景(经济危机、凯恩斯主义宏观经济学、国家发挥着越来越大的作用)。但是在科技专家的辩论中以及通过"统一化"思维过程得出并最终采纳的解决方法中,政治因素并未起到决策性作用。诚然,辩论没有停止,至今仍在继续,但是现在主要是科学家之间以及

"流派"之间的争论，他们不仅推动了知识进步，这是他们的"共同利益"。

弗朗索瓦·福尔盖描述的国民经济核算史是建立在26位主要参与者的叙述之上。由于这些统计工具的构造和相关争论多是由政治和权力以及财富的视角所决定的，他所叙述的历史也就和瓦诺利所呈现的完全不同。法国核算体系的历史并不是"知识的起源"，而是一份"政治谱系"，国民账户首先是"国家权力"的账户，正如这一阶段的法国政策所设计的那样。

举一个重要的例子，尽管一直到1976年之前，政府部门（之后被定义为"提供非市场服务"的部门）的活动都未划入国民生产的范围，但这并不是一个"错误"，也不是需要后人填补的科学"空白"。这是政治意愿的体现，是要在重大工业政策和市场竞争优先的基础之上重建国家的意愿。在当时的政治思想中，发挥市场竞争的作用是展现法国在其他国家面前的"实力"。因此，这也是20世纪60年代之前一直在法国占上风的经济政策"公约"，这段历史的主要参与者也清楚地表达了这一点。法国和盎格鲁-撒克逊国家体系概念的趋同并不是因为专家之间"相互理解"（依据福尔盖提到的瓦诺利的措辞）而取得的进步，而是因为决定经济政策的公约在政策上的趋同。理论和技术上的

"统一化"同样取决于这一政治趋同。

学术辩论和社会政治公约的冲突

在笔者看来,福尔盖的历史解读对"发现"国民经济核算的系统性有着十分明确的影响——这一观点有很强的权威性。然而,瓦诺利对政治的视而不见,和与其相对应的,福尔盖在书中对专家辩论的视而不见产生了各种问题。一方面,科学辩论具有相对的自主权,会求助于一些逻辑推理以及"统计原因",其中一些与财富及权力的政治公约没有任何关系。另一方面,在这些问题上,政治也不可能对知名专家(他们也会受到政治的影响,经常在国际范围内捍卫自己国家的立场)的辩论视而不见,因为,除非是在专制政权体制内,否则,政治生活的主要参与者都不得不公开解释他们的选择。然而,那些有信念的专家可能会"上阵"提出反对意见,这是潜在的风险之一。最后,统计框架一旦建立起来并在整个社会生效之后,就会和信息及法规一样成为政治无法轻松摆脱的限制。

尽管在笔者看来,福尔盖过分强调政治决定论,但是,我们仍十分重视基于服务于经济政策的"重要"统计工具的"重要"政治公约论题。福尔盖和他的26位见证人提供了大量实例来证实这一论题。此外,我们也有其他更新的属于他们的实例（下文）。

为了避免误解，我们首先要强调的是，这个十分"政治化"的国民核算论题在重大选择上完全没有欺瞒操作，统计专家也从未"服从命令"。如果该论题中论及"政治"，也是指贯穿政权更迭过程中所做出的抉择。事实上，相关专家工作严谨，他们革新、讨论并实现了经济实践统计知识上的不断改进。但是一方面，这些专家和其他专家一样，仍停留在现有的认知框架之中，特别是在财富和经济政策方面。另一方面，他们又就职于有着独立的政治逻辑并依赖于政治的国内、国际机构。最后，他们有义务服务于现行经济政策以及雇佣他们的国家（或国际机构），同时又必须具备知识的独立性和统计方面的职业道德。

前　景

随着社会和环境要求的急剧发展，以人类可持续发展（或相近概念）为中心的"21世纪核算"假设遭到了强烈的反对。在20世纪70年代，我们就早已经历了这种急剧发展。1980年，在金融危机、通货膨胀以及失业问题的背景下，（国内及国际）政策指令几乎等同于"回到我们的工作重心：经济增长和竞争力。"从这一转折点开始，社会和环境的增长趋势便迅速回落。

当时,所有的参与者对这一突然转变都达成了共识:这是政治对经济和社会统计产生影响的最新证据。瓦诺利是这样回忆这一转折点的(Fourquet,1980)(追溯至20世纪80年代转折点的言论):"几年前,当我们处在经济增长的有利时期时,所有人都迷信环境和福利,我们总是听到:'国民经济核算没有任何利益了,它已经没有用了,相反,它只会引发混乱。'之后,失业率和通货膨胀升高,人们的担忧再次浮现。几年前,原本可以很好地完成这项改进,而现在,必须要花更大力气才能继续完成福利的改善。对于那些统计数据的技术人员来讲,令人恼火的是,当新趋势出现时,政策制定者和管理者会变得摇摆不定,失去耐心。"

这充分证明了政治转折点的重要性、其对统计产生的影响以及"技术人员"处境的艰难,这些"摇摆不定"的态度转变,却都有充分的理由。然而,在1980年的转折点,一切都表明,这次转折与政治易变性毫无关系,那是里根和撒切尔发动的"新保守主义革命"的开始,至今仍对当下社会产生着影响。这是某些人所说的由国家和国际机构在政治上构建的金融、市场及"财富"新资本主义。(Gadrey,2000)

结论 人类可持续发展及21世纪的经济核算

我们不得不思考，20世纪90年代期间那些延续并更新了20世纪70年代工作的举措日益增多是否是一种循环模式，是否会被2001年开始的失业率上涨化为乌有。如同赫斯曼（Hirschman）指出的那样，思想领域也存在着周期。因此，我们不能排除全球经济及社会危机的加剧会动摇经济增长支持者的立场。不过，在我们看来，这不太可能发生。首先，2000年到2010年期间，全球政治和意识形态的背景已经不同于1980年。比如，全世界对环境恶化问题重要性的认识不足的风险是微乎其微的。我们可以认为，在网络、非政府组织以及某些国家的帮助下，南半球国家和人民的声音变得更加有力。和20世纪70年代的其他不同之处围绕着政治实践革新形式的两个现象。第一个现象是地方和本土举措以及激进的社会团体组织。20世纪70年代的替代构建主要是由相当孤立的研究者或者"顶级"的机构来完成。而2000年到2010年之间的政策大部分是由非政府组织、协会、基金会和网络以及当地及本土的"社团"提出的。在这种情况下，对人类生活质量等级、社会关系以及生存环境进行评估的呼声日益高涨。我们没有深入分析这些现象，但毋庸置疑的是，这些担忧的"扩散"及其网络记录已是公认的事实。

第二个现象是女性在政治生活中的影响日益增加，她

们促使当代社会重新评价人类、社会及环境标准。如果说布鲁特兰（Brundtland）报告以及法国作家多米尼克·梅达的著作《财富是什么》都是由女性撰写的，法国环境部长的职位也往往由女性担任，就可以发现这一现象并非偶然发生。虽然我们也可以看到这些职责造成政治贬值的迹象（比如从经济和财政的角度看），但是，财富、发展以及进步的确存在着性别差异。弗朗索瓦兹·赫里蒂捷（Franoise Héritier，2002）提供了一个突出案例："近日，为了知道哪些事件是21世纪的重大问题，一些社会学家做了一份民意调查。大部分男性回答是征服外层空间。而90%的女性把获得避孕权放在了首位。"这是一个值得探讨的关于财富和发展公约的研究课题⋯⋯

通过这些思考，我们认为，在可预见的未来，与20世纪70年代的区别主要来自以下几个方面：①不局限于专家范围或者顶层专家和专业人士的圈子、由公民社会和社会运动直接参与的"共享网络"的存在；②妇女在政治中具有越来越重要的影响；③南半球国家对人类发展公约的定义起着日益增长日益重要的政治影响；④气候和生态的紧迫性。在这四个趋势中——既是人类可持续发展的方式也是其条件——任何一个都不是不可逆的，但是各种政治观点的保守者很难扼制这些趋势的发展。毋庸置疑的是，如果除了经济标准、增长前景以及货币收入分配以外,通过公约和合法指标,加上人类发展、不平等、自由和慈善工作工作时间、家务劳动、环境等方面的充分研究和核算,法国对退休改革的讨论就会得出完全不同的结论。在国家之间,尤其是欧洲国家目标一致的"趋同"国际标准也是如此。

缩略词索引

指标缩略词（附带主要章节）

BIP 40　法国不平等和贫穷的晴雨表（第四章）

CAC 40　中央电子系统（巴黎证券交易所电子交易系统）

ENA　世界银行调整后的净储蓄（第六章）

EE　生态足迹（第六章）

HPI　幸福星球指数（第六章）

IBED　可持续经济福利指数；英语为 ISEW：Index of Sustainable Economic Welfare（第六章）

ICR　人际关系能力指数；英语为 RCI：Relational Capacity Index（第一章）

IDH　人类发展指数；英语为 HDI：Human Development Index（第三章）

ISDH　性别发展指数（第三章）

IDT　技术发展指数（第三章）

IIG　性别不平等指数（第三章）

IPF　妇女权力指数（第三章）

IPM　多维贫困指数（第三章）

IPV　真实进步指标；英语为 GPI：Genuine Progress Indicatour（第四章）

ISP　人身安全指数；英语为 PSI：Personal Security Index（第四章）

ISS　社会健康指数；英语为 ISS：Index of Social Health（第四章）

IWI　包容性财富指数；英语为 IGR：Indicatour of Global Richness（第七章）

MBE　经济福利衡量；英语为 MEW，Measure of Economic Welfare（第五章）

MBED　可持续经济福利衡量；英语为 SMEW：Sustainable Measure of Economic Welfare（第五章）

PIB　国内生产总值（第二章）

PNB　国民生产总值，后改为国民总收入（SCN/2008/SEC2010）（第五章）

组织缩略词

CERC　收入与成本研究中心

CCSD　加拿大社会发展理事会

CGSDC 国际可持续发展指标体系咨询组

CSLS 生活水平研究中心

IAURIF 法兰西岛城市化治理研究院

IFEN 法国环境研究所

MEEDAT 法国生态环境、能源、可持续发展及区域整治综合部门

NEF 新经济基金会

OCDE 经济合作与发展组织（简称经合组织）

ONG 非政府组织

PNUD 联合国开发计划署

PNUE 联合国环境计划署

RAI 不平等预警网络

RP 发展重新定义组织

WWF 世界自然基金会（Wolrd Wildlife Fund），1987年命名为 World Wild Fund for Nature

其他

SCN 93 国民经济核算体系（ONU、FMI、OCDE、世界银行、欧盟统计局）

SEC 95 欧洲账户体系

SCEE 环境经济核算体系；英语为 SEEA：System of Economic and Environmental Accounts，由联合国自 2003 年起编订；参见 http：//unstats.un.org/unsd/envAccounting/seea.htm

FBCF 固定资本形成总额

PPA 购买力平价

R&D 研究与开发

参考文献

ARF [2012],《Développement durable: la révolution des nouveaux indicateurs》, janvier, 102 pages, www.arf.asso.fr/2012/04/les-regions-se-dotent-de-nouveaux-indicateurs-pour-piloter-le-developpement-de-leur-territoire.html.

BANETH J. [1998],《Les indicateurs synthétiques de développement》, *Futuribles*, n°231, mai.

BOUTAUD A., GONDRAN N. [2009], *L'Empreinte écologique*, La Découverte,《Repères》, Paris.

BRINK S., ZEESMAN A. [1997], *Measuring Social Well-Being: an Index of Social Health for Canada*, Human Resources Development, Canada, juin.

BROWN L. [2001], *Eco-Economy Building an Economy for the Earth*, W. W. Norton, New York; trad. fr. [2003],

Éco-économie, Le Seuil, coll. 《Économie humaine》, Paris.

CASSIERS I., DELAIN C. [2006],《La croissance ne fait pas le bonheur: les économistes le savent-ils?》, *Regards économiques*, n°38, mars, p. 1 – 14.

CESE [2009],《Les indicateurs du développement durable et l'empreinte écologique》, avis du CESE, présenté par Ph. Le Clézio, http://lecese.fr/travaux-publies/les-indicateurs-du-developpement-durable-et-lempreinte-ecologique.

CHADEAU A., FOUQUET A., [1981],《Peut-on mesurer le travail domestique?》, *Économie et Statistique*, n° 136, p. 29 – 42, septembre.

COBB C., COBB J. [1994], *The Green National Product: a proposed Index of Sustainable Economic Welfare*, University of America Press. Washington, DC.

COBB J., DALY H. [1989], *For the Common Good. Redirecting the Economy toward Community, the Environment and a Sustainable Future.* Beacon Press, Boston.

COBB C., VENETOULIS J. [2004], *The Genuine Progress Indicator* 1950—2002 (2004 Update), *Redefining Progress*, Issue Brief, mars.

COBB C., HALSTEAD T., ROWE J. [1995], *The Genuine*

Progress Indicator: *Summary of Data and Methodology*, Redefining Progress, San Francisco.

DAVOINE L. [2012], *Économie du bonheur*, La Découverte, 《Repères》, Paris.

DELPHY Ch. [1998, 2001], *L'Ennemi principal*, 2 vol., Syllepse, Paris.

DESROSIÈRES A. [1993, rééd. 2000], *La politique des grands nombres, histoire de la raison statistique*, La Découverte/ Poches, coll. 《Sciences humaines et sociales》, Paris.

EVERETT G., WILKS A. [1999], *The World's Bank Genuine Savings Indicator; a Useful Measure of Sustainability?* Bretton Woods Project, www. brettonwoodsproject. org.

FAIR (Forum pour d'autres indicateurs de richesse) [2011], 《Larichesse autrement》, *Alternatives économiques*, hors-série n°48.

FOURQUET F. [1980], *Les Comptes de la puissance*, Encres, Paris.

GADREY J. [2000], *Nouvelle économie, nouveau mythe?* Flammarion, Paris.

— [2002], 《Croissance et productivité, des indicateurs en crise larvée》, *Travail et Emploi*, n°91, p. 9 – 17.

—— [2003], *Les Conventions de richesse au coeur de la comptabilité nationale. Anciennes et nouvelles controverses*, colloque 《Conventions et institutions》, université de ParisX-Nanterre, 11 - 12 décembre.

GADREY J. , JANY-CATRICE F. [2003] *Les Indicateurs de fichesse et de développement. Un bilan international en vue d'une initiative française*, rapport de recherche pour la DARES, mars, 177 pages, www. travail. gouv. fr/etudes/etudes _ g. html.

GIRAUD G. , RENOUARD C. , L'HUILLIER H. *et al.* (2013),《Relational capability: a multidimensional approach》, Research Center, *ESSEC Working Paper.*

HAGERTY M. *et al.* [2001],《Quality of life indexes for national policy: review and agenda for research》, Social Indicator Research, vol. 55, p. 1 - 96.

HAMILTON K. [2001], *Measuring Sustainable Development. Genuine Savings*, table ronde de I' OCDE, 31 mai, www. oecd, org/dataoecd/21/12/2430203. pdf.

HÉRITIER F. [2002], *Masculin/Féminin* II , Odile Jacob, Paris.

HIRSCHMAN A. [1983], *Bonheur privé, action pub-*

lique, Fayard, Paris.

HIRSH F. [1976 rééd. 1995], *Social Limits to Growth*, Routledge.

JACKSON T. (2010), *Prospérité sans croissance*, De Boeck, Bruxelles.

JACKSON T. , STYMNE S. [1996], *Sustainable Economic Welfare in Sweden. A Pilot Index* 1950—1992, Stockholm Environment Institute, *www. sei. se/pubs/dpubs. html*.

JANY-CATRICE F. , MARLIER G. (2013),《Estimer la santé sociale des régions françaises: enjeux économiques, épistémologiques et politiques》, *Revue d'économie régionale et urbaine*, vol. 4, p. 647 – 678.

JANY-CATRICE F. , ZOTTI R. [2009],《La santé sociale des territoires. Un indicateur de santé sociale pour les régions françaises》, *Futuribles*, n°350, p. 65 – 88.

JOUVENEI, B. DE [1968, rééd. 2002], *Arcadie, essai sur le mieux-vivre*, Gallimard, Paris.

LINDBECK A. (dir.) [1992], *Nobel Lectures. Economic Sciences*, 1969—1980, World Scientific Publishing Co. , Singapour.

MÉDA D. [1999], *Qu'est-ce que la richesse?* Aubier,

Paris. Pééd.

—, *Au-delà du PIB Pour une autre mesure de la richesse*, *Flammarion*, 《Champs-Actuel》, Paris, 2008.

MIRINGOFF M. , MIRINGOFF M. -L. [1999], *The Social Health of the Nation. How America is really doing*? Oxford University Press, Oxford.

MIRINGOFF M. -L. , MIRINGOFF M. , OPDYCKE S. [1996],《The growing gap between standard economic indicators and the nation's social health》, *Challenge*, juillet-août.

NATIONS UNIES, EUROPEAN COMMISSION, FOOD AND AGRICULTURE ORGANIZATION, INTERNATIONAL MONETARY FUND, ORGANIZATION FOR ECONOMIC CO-OPERATION AND DEVELOPMENT, UNITED NATIONS, WORLD BANK [2012], *System of Environmental-Economic Accounting Central Framework*, https: //unstats. un. org/unsd/envaccounting/White_ cover. pdf.

NORDHAUS W. , TOBIN J. [1973],《Is growth obsolete?》 in *The Measurement of Economic and Social Performance*, *Studies in Income and Wealth*, National Bureau of Economic Research, vol. 38.

OSBERG L. , SHARPE A. [2000], *Estimates of an In-*

dex of Economic Well-Being for OECD Countries, International Conference in Income and Wealth, Cracovie, 27 août-2 septembre.

— [2003],《Human well-being and economic well-being: what values are implicit in current indices?》 *CSLS Research Report*, 4 août 2003, www/csls. ca.

PERRET B. [2002], *lndicateurs sociaux, état des lieux et perspectives*, rapport pour le CERC, janvier.

PIRIOU. J. -P. [2004], *La Comptabilité nationale*, La Découverte, coll. 《Repères》 Paris.

PNUD, *Rapport mondial sur le développement humain*, annuel depuis 1990.

— [2010], *La Vraie richesse des nations. Les chemins du développement humain*, voir: http://hdr.undp.org/fr/rapports/mondial/rdh2010/.

PUTNAM R. [1995],《Bowling alone: America's declining social capital》, *The Journal of Democraty*, vol. 6, n°1, p. 65 - 78.

SEN A. [1999], *L'Économie est une science morale*, La Découverte, Paris.

SHARPE A. [1999], *A Survey of Indicators of Economic*

and Social Well-Being; papier preparé pour le Canadian Policy Research Networks, CSLS, Ottawa.

— [2003], *Literature Review of Frameworks for Macro-Indicators*, CSLS Research Report 2003—10, Ottawa.

SHARPE A. , OSBERG L. [2006],《New estimates of the Index of Economic Well-Being for Canada》, Paper presented to the session on *New Measure of Well-Being for Canada*, Centre for the Study for Using Standards. Annual meeting of the Canadian Economics Association, Concordia University, Montréal, Québec, 26 -28 mai.

SINGH S. [1999], *Le Dernier Théorème de Fermat*, J. -C. Lattès, Paris.

STIGLITZ J. , SEN A. , FITOUSSI J. -P. [2009],《Commission sur la mesure des performances économiques et du progrès social》, *Rapport au président de la République*, 2 vol. , Odile Jacob, Paris.

THIRY G. [2012],《Au delà du PIB: un tournant historique. Enjeux méthodologiques, théoriques et épistémologiques de la quantification》, thèse en vue de l'obtention du titre du Docteur en sciences économiques et de gestion, Université catholique de Louvain.

VANOLI A. [2002], *Une histoire de la comptabilité nationale*, La Découverte, Paris.

VIVERET P. [2002], *Reconsidérer la richesse. Rapport final de la mission : Nouveaux facteurs de richesse*, secrétariat d'État à l'Économie solidaire, Paris, 135 pages.

— [2003], *Reconsidérer la richesse*, Éditions de l'Aube, La Tour d'Aigues, rééd. 2008.

WACKERNAGEL M., REES W. [1995], *Our Ecological Footprint : Reducing Human Impact on the Earth*, New Society Publishers, The New Catalyst Bioregional Series, Gabriola Island BC.

译者致谢

在本书的翻译过程中，得到了很多好友的帮助和支持，在此一一表示感谢：

韩晓文　刘　梅　谢新民　王亚梅　周海亮　王　凯
苗向东　陈　明　彭晓风　王伟伟　王黎明　陈建华

译者
2017 年 10 月